EDAF

MADRID - MÉXICO - BUENOS AIRES - SAN JUAN

IKER JIMÉNEZ
Y
LUIS MARIANO FERNÁNDEZ

TUMBAS SIN NOMBRE

MUNDO MÁGICO Y HETERODOXO

Editorial EDAF, S.A.
Jorge Juan, 30, 28001 Madrid
http://www.edaf.net
edaf@edaf.net

Edaf y Morales, S. A.
Oriente, 180, n.º 279. Colonia Moctezuma, 2da. Sec.
C. P. 15530. México, D. F.
http:// www.edaf-y-morales.com.mx
edaf@edaf-y-morales.com.mx

Edaf del Plata, S. A.
Chile, 2222
1227 Buenos Aires, Argentina
edaf1@speedy.com.ar

Edaf Antillas, Inc.
Av. J.T. Piñero, 1594 - Caparra Terrace (00921-1413)
San Juan, Puerto Rico
antillas@edaf.net

Edaf Chile, S.A.
Huérfanos, 1178 - Of. 501
Santiago de Chile -Centro - Chile
Tel./Fax (562) 673 52 11
edafchile1@terra.cl

2.ª edición, junio 2003

Depósito legal: M-30.282-2003
ISBN: 84-414-1336-3

PRINTED IN SPAIN IMPRESO EN ESPAÑA

Imprime: Gráficas Cofas, S.A. (Móstoles)

A Isabel Chamorro y a todos los que tienen
a los suyos en cementerios de tumbas
sin nombre.

ÍNDICE

Págs.

Introducción

Este libro lo componen letras, documentos y corazón. Está escrito como hacían los viejos reporteros, con el latido de una actualidad que nos ha conmovido con cada hallazgo. Con cada giro inesperado que ocurría ante nosotros.

Siempre en vivo. Siempre en directo.

Tumbas sin nombre es un grito, una denuncia y una esperanza. Ahí reside su fuerza. No la busquen en presuntos análisis sosegados y eruditos sobre el fenómeno en cuestión. Esta investigación es, ante todo, impulso, emoción y profunda fe en la búsqueda.

Ese ha sido el espíritu que nos ha guiado. Estos son los hechos y así los hemos vivido.

Solo a ustedes les corresponde opinar.

Los autores
Sigüenza (Guadalajara), 27 de abril de 2003

Nota previa

La escena con la que da comienzo esta aventura es una sesión de hipnosis regresiva efectuada una noche del mes de febrero de 2003 en una casa del pueblo jiennense de Bélmez de la Moraleda. Allí, en septiembre de 1971, empezaron a surgir unas misteriosas caras en el suelo a las que nadie pudo dar una explicación.

Rostros que aún siguen ahí.

María Gómez Cámara, de ochenta y cuatro años —la solitaria viuda dueña del inmueble—, asistió extrañada y en silencio a la experiencia dirigida por el hipnólogo Ricard Bru.

La persona que se prestó a ser «dormida» en la habitación donde aparecen las efigies es Ana Castillo, un ama de casa sevillana que jamás había estado en el lugar.

La fría mirada de una cámara de televisión fue testigo de lo que allí sucedió.

CAPÍTULO 1

Unas cruces y unos niños quemándose

En Bélmez, pasado y presente están dialogando.

[Diario *Pueblo*, 18 de febrero de 1972.]

—VEO UNAS CRUCES *y unos niños quemándose. Escucho gritos, chillidos, y gente muerta..., hay un hombre fusilado...*

Los balbuceos se han convertido en palabras. El objetivo se acerca con su ojo de cristal y el micrófono intenta captar con precisión.

—Hay un hombre fusilado..., varios, más disparos...

Ricard Bru, barba, traje oscuro y gesto serio, pone la mano sobre la frente de la mujer. Por un instante regresa el silencio, como si aquella palma pudiese borrar el pensamiento. Ella nunca había estado allí; sin embargo, en su cerebro, en su voz dormida, se están grabando nítidos los trazos de un drama del pasado.

—Hay una familia..., niños muertos..., fuego...

Los ojos continúan cerrados y el plácido sueño hipnótico se va convirtiendo en una pesadilla. Quizá, piensa Bru, ha forzado demasiado la maquinaria oculta de la mente.

Hay que parar.

Ana Castillo: «Vi una niña que se la llevaba alguien de uniforme, tiros, niños quemándose, un edificio que se cae...»

—Tranquila —le repite deletreando muy despacio—. ¿Dónde estás ahora?

La mujer gira la cabeza como en una convulsión. Jadeos.

El pelo moreno se pega a la frente. Un gruñido. La cara, cada vez más pálida. Suda, siente escalofríos, se retuerce con una mueca de dolor. Un lamento seco y largo parece que le sale del fondo del alma, retumbando por esta cocina donde ya nadie cocina.

Es un quejido de muerte del que brotan más palabras...

—Un edificio grande..., se cae. Se derrumba sobre la gente, y noto el polvo, la arena que sube y oigo llorar..., son los niños, las familias..., la matanza de una familia...

En el suelo hay caras que miran la escena. Como si alguien las hubiese pintado con gusto macabro algún día lejano. Rostros desagradables, hoscos, como retratos perdidos en el tiempo. Una decoración insólita y no elegida que acompaña este lugar desde hace mucho tiempo.

A un lado, María Gómez Cámara, dueña de la casa. Siempre enlutada, cabellos blancos hacia atrás y facciones tan duras y angulosas como las sierras que rodean el pueblo. Permanece sentada, callada, dibujando una sonrisa cuyo significado nadie comprende. Está barruntando algo que se nos escapa...

—Veo muchas cruces, cruces clavadas, piedras que caen..., y siento el dolor de una familia... —prosigue la hipnotizada.

María es alta, fibrosa, y tiene ochenta y cuatro años. Y una vida difícil que ahora va a sufrir un nuevo vuelco. Agarra la mano de la mujer dormida entre las suyas, venosas y arrugadas. Las dos en el sofá, en ese sofá polvoriento que lleva ahí toda la vida, entre paredes blancas sin adornos, entre cuatro esquinas más pobres que humildes; las mismas que un día lejano sobrecogieron a toda España.

—Los niños se queman..., arden..., hay gente a caballo... Veo colores, muchos colores que flotan y una niña que grita y es cogida en brazos por un hombre de uniforme. Alguien la salva, se la lleva..., se aleja..., siento el dolor de esa madre... y los llantos de la hija al dejar allí a su familia...

Bru procura devolver del trance a Ana Castillo; el viaje a lo más profundo del subconsciente puede ser peligroso para esta ama de casa sencilla y sincera que se ha prestado para la experiencia sin conocer la historia ni el tétrico pasado de la vivienda.

—Ya, ya, todo va a pasar —susurra el director de la hipnosis—. Estás aquí, estás aquí... ¿Qué ves?

—Todo se ha derrumbado. Todo. Ya no se oyen los gritos.

Le ha costado unos minutos volver en sí. El duro retorno del laberinto de imágenes producen arcadas, la encogen..., la hacen temblar.

—Ha sido terrible, muy desagradable; siento el llanto de esa niña, una niña a la que han arrancado de los suyos...

María permanece callada, como sin atreverse a decir algo que le quema por dentro. La cámara ya no rueda y se produce un silencio que escuece. La anciana lo rompe con unas palabras que son un martillazo a treinta años de investigaciones. Una sorpresa monumental. Algo que nadie espera, una confesión rotunda y seca como su talante.

Era el secreto que guardaba en lo más profundo de su ser desde hacía demasiado tiempo...

—*Mi familia murió así. La mataron de esa forma.*

La noche de febrero, en Bélmez, es más fría que nunca. Nadie pasea por sus calles. Solo la luz de la lámpara de la cocina ilumina el exterior con un haz que surge por el ventanuco. Da la impresión, tal y como ocurrió aquel 23 de agosto de 1971, que María va a salir de un momento a otro por la puerta gritando: «¡Una cara! ¡En mi casa hay una cara!»

Nada ha cambiado desde fuera. La misma soledad, la misma calleja blanca con el cielo negro como contraste.

Sin embargo, allí dentro está ocurriendo algo clave. Se están abriendo las inesperadas puertas de un camino sorprendente. La anciana, a cuentagotas, da unos datos precisos sobre la tragedia que se cebó con los suyos. Al parecer, en uno de los acontecimientos más negros de la Guerra Civil española, el asedio del santuario de la Virgen de la Cabeza, de Andújar, su hermana, cuñado y cinco sobrinas murieron de forma brutal. Ella nunca ha podido olvidar y lo tiene siempre presente en su memoria. Es algo que le obliga a un rezo nocturno por el recuerdo.

La confesión de María Gómez Cámara es contundente: «Mi familia murió así».

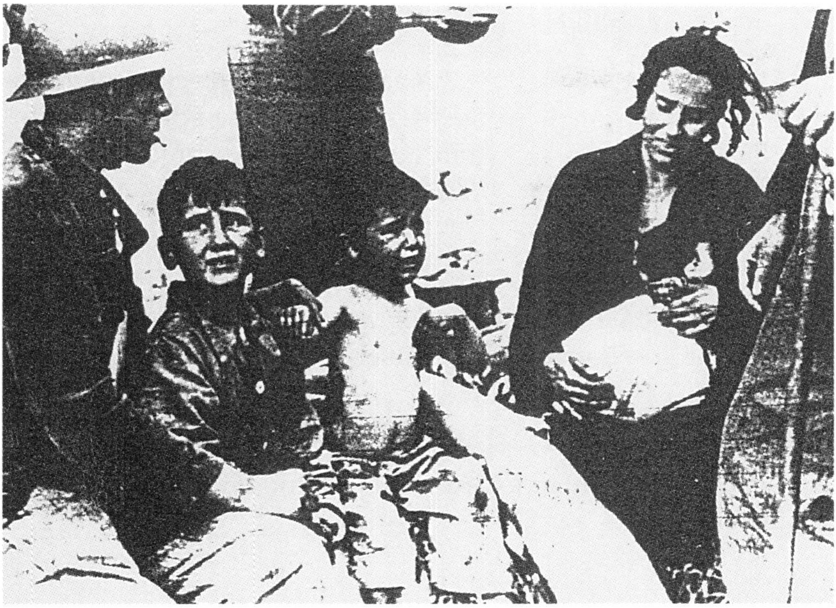

Unos niños moribundos, como espectros vivos, escapando de la muerte en algún punto de la provincia de Jaén. Ana Castillo había descrito hechos concretos que se produjeron en el Santuario de la Virgen de la Cabeza, de Andújar, hacía sesenta y cinco años. Una de las páginas más trágicas de la Guerra Civil española.

Un rezo doloroso como la herida que no se cierra.

Tenía diecisiete años y permaneció en Bélmez, protegida, segura, a unos noventa kilómetros de aquel enclave colgado del pico más alto de Sierra Morena. Aquel lugar casi inaccesible donde las bombas cayeron, piedra sobre piedra, en una lluvia fatal que aniquiló, uno a uno, a los Chamorro Gómez, su propia familia.

—*Bueno, todos no murieron...* —irrumpe ante el impresionado equipo que asiste acurrucado y en silencio—. *Queda una superviviente... Eran siete niñas y los padres... Ella vive, se salvó, quedó muy herida, pero se salvó. Es mi sobrina Isabel y vive allí abajo...*

—María —pregunta el hombre que transporta una pesada cámara intentando trazar una similitud inmediata entre aquella familia y los rostros aparecidos en el cemento de la cocina—, ¿usted guarda alguna foto de ellos?

—No. Ella es la única que guardó, creo...

Al llegar a casa de Isabel Chamorro, única superviviente de la matanza, ven un cuadro colgado de la pared. Siempre había estado allí..., pero ahora su significado era muy distinto. La buena mujer no entendía nada... ¿Para qué querrían ver a aquellas horas el sencillo recuerdo que la Guardia Civil compuso en honor a su familia masacrada?

—Oiga, ¿pero usted no es «el que duerme a la gente por la tele?» —pregunta la señora Chamorro mientras enciende la luz de una sala...

—Sí, sí..., pero ahora le juro que es muy importante ver esa foto —responde resoplando Bru, guiado como un autómata por su intuición...

Agobiada por la ansiedad de los investigadores, accede a descolgarlo, sin ser consciente de que la primera pieza del puzzle comenzaba a encajar...

Ana Castillo, todavía en un estado de confusión tras el esfuerzo realizado para la hipnosis, tiene que sujetarse para no caer al suelo. Da un grito. Un alarido ronco.

Isabel Chamorro miró el cuadro de forma distinta. ¿Qué tenían que ver sus familiares muertos con las caras de Bélmez?

La imagen de un Santuario derruido, devorado por las llamas, era un recuerdo lejano que todos pretendían olvidar. Una tragedia sin parangón, que puede guardar algunas de las claves del misterio de Bélmez.

—Las niñas..., ¡esas son las niñas!

Llora y abre la boca, como si no le llegase el aire, reviviendo de nuevo todo lo que hacía unos minutos había visto en la pantalla de su propia mente. De nuevo el dolor. Con la mano indica un rostro entre todos los del cuadro, como si este reclamase toda su atención. Una efigie de ojos redondos y expresivos que parecen salirse de la tenebrosa orla en sepia. Que parecen querer comunicar algo, perdidos en el otro lado del tiempo.

—Las niñas quieren...

Nadie había caído en la cuenta hasta ahora, pero la chiquilla que señala es el vivo retrato de una cara que apareció en el suelo de la casa de María en 1976.

Y el espanto recorre, como una cuchilla fría, a todos los presentes.

—¿Qué es lo que ocurre? ¡Díganme algo, por favor!

Bru y su colaboradora no pueden responder. Se han quedado como estatuas. Ana Castillo siente ganas de vomitar, quiere huir, salir de aquel lugar.

Nadie contesta a la angustiada Isabel Chamorro.

Cuando los dos visitantes salen a la calle y los pasos se alejan, la buena mujer se acerca con cierta inquietud al retrato de su pequeña hermana. ¿Qué misterio podía haber en esa foto?

Antes de volver a apagar la lámpara pasa la mano sobre el cristal y recuerda que aquel flequillo recortado, aquellos mofletes redondos, aquella cara que parecía viva, era la de Paquita. Su hermana pequeña, de quien no recuerda nada.

Solo pudo cumplir cuatro años y llevaba seis décadas en algún punto impreciso de una fosa común.

CAPÍTULO 2

Retrato de familia

No sé, esto puede sé una familia, creo yo. La primera que salió parecía un hombre, y esta é una mujer..., y las hijas son caras chiquitillas que han salío...

[Transcripción de una grabación magnetofónica a un vecino de Bélmez en febrero de 1972.]

LA CASA DE MARÍA GÓMEZ es la número cinco. Bajo el arco de su puerta y el dígito enmarcado en azul han pasado cientos de miles de personas deseosas de encontrarse con el milagro.

Antes fue cementerio cristiano y mezquita árabe, «tierra *cursía* de muertos» en el hablar de los vecinos, lugar donde se excavó y reflotaron, como en una marea fantasmal, decenas de huesos de niños sin cráneo. ¿Quiénes eran? Nunca quedó claro del todo.

Los informes realizados en su día por la Junta de Energía Nuclear aseguraban que unas piezas pertenecían al siglo XIII y otras al XVIII. Jamás hubo consenso y jamás aparecieron las cabezas. No pocos hablaron de muertos sin descanso, de enterramientos en vida, de familias enteras refugiadas y sepultadas en el tiempo de las revueltas con los franceses.

Eran teorías que surgían de lo más hondo de los temores de una comunidad asustada. De una aldea donde nunca había pasado nada y ahora estaba pasando todo. De un lugar al que llegaron en tromba miles de curiosos colapsando las calles, mirando

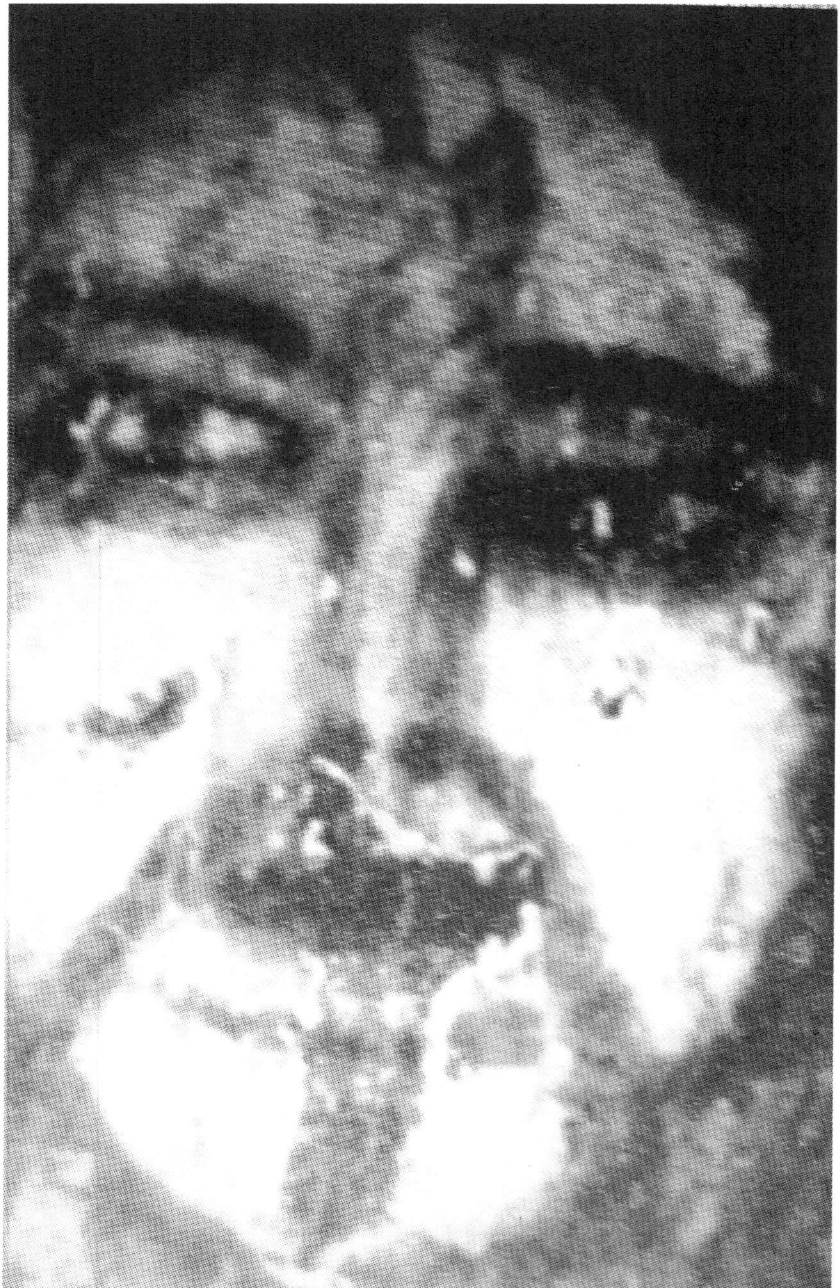

Y María, caída la noche sobre el pueblo, salió gritando de su casa: «¡Aquí hay una cara!»

con mueca de terror a la fachada de la «casa maldita». Un rincón de la sierra del que nadie se ocupaba y que durante meses fue portada de todos los periódicos, día a día, noticia a noticia.

—*Aquello le digo a usté que son las almas de los de abajo* —le remarcaba un lugareño a uno de tantos sociólogos que, grabadora en ristre, pasó por aquí en 1972.

Era un modo directo de explicar el tormento que se sentía en esta vivienda de dos plantas; igual de fría y espartana que los portales 1, 3 y 7, testigos también en tiempos pasados de hechos misteriosos, tal y como quedaba constancia en los húmedos archivos parroquiales.

Pero ninguno fue como aquel que, envuelto en el absurdo, vino a romper de forma definitiva la calma y a cambiar de raíz la vida, la historia y la memoria de todo el pueblo.

Fue un mal día, o mejor una mala noche, cuando aquel rostro de bigotes afloró en el cemento. Sin previo aviso, junto al fogón de leña donde se cocinaba.

Había aparecido una cara tosca y desabrida, con fosas nasales, con la boca abierta, como expirando, y los ojos asimétricos.

Parecía el retrato infantil de alguien en la agonía.

Después de los primeros análisis, que no hallaron pintura ni fraude, el ayuntamiento ordenó excavar. Se temía «a lo nuclear», al uranio, a una poderosa radiactividad capaz de generar dibujos bajo el suelo. Los albañiles Fuentes León, hermanos que aún no se han recuperado de la impresión, hicieron a golpe de pico y pala un hueco profundo y empezaron a sacar restos óseos a espuertas. Bajaban con las cestas y salían más. Y el miedo les subía a ellos por el espinazo. Cadáveres anónimos de otros tiempos, huesos de niños sin nombre.

Pero todo eso —pensábamos, rodando hacia Bélmez, atravesando una oscuridad de treinta años— ocurrió hace ya mucho tiempo. Incluso, como irá adivinando el lector a lo largo de esta aventura, la sombra del poder gubernamental hizo acallar la historia y amenazó a los protagonistas que no estuviesen dispuestos a confesar que todo era un invento. Y lo que de verdad se inventó fue la fórmula química de un burdo fraude para explicar las decenas de caras que, como mensajes macabros, estaban adueñándose del cemento. Nunca se dijo la verdad. Los modernos análisis de la verdadera ciencia —ya en tiempo de democracia— se encargaron de demostrar cómo se mintió descaradamente a la opinión pública.

Lo único cierto es que las *teleplastias* —así las llamaron los pioneros en parapsicología llegados a principios de los setenta— seguían allí. Unas desaparecieron al cabo de días, otras se desfiguraron en una amorfidad espantosa..., y un puñado, como si fueran las abanderadas de todo aquel imposible, seguían allí desde el principio. Imborrables, sobreviviendo a todos los que quisieron enterrarlas en el olvido.

En el tercer milenio, solo de vez en cuando, en algún escrito suelto, en algún periódico o programa de radio, se volvía a hablar de ellas, a refrescar la memoria del, quizá, mayor misterio español de todos los tiempos. Y se daban datos, análisis científicos, documentos sobre las extorsiones que algunos sufrieron..., una lista inmensa de pruebas en torno a un enigma agónico y olvidado, pero vivo.

Nosotros lo hacíamos desde nuestros respectivos medios de comunicación, gritando para que la ciencia hiciese algo. Para que se encerrasen en aquella casa y nos mostraran con luz y taquígrafos toda la verdad. Pero el silencio siempre ha sido la única respuesta.

Aquella «broma», de espaldas ya a la actualidad y a las gentes,

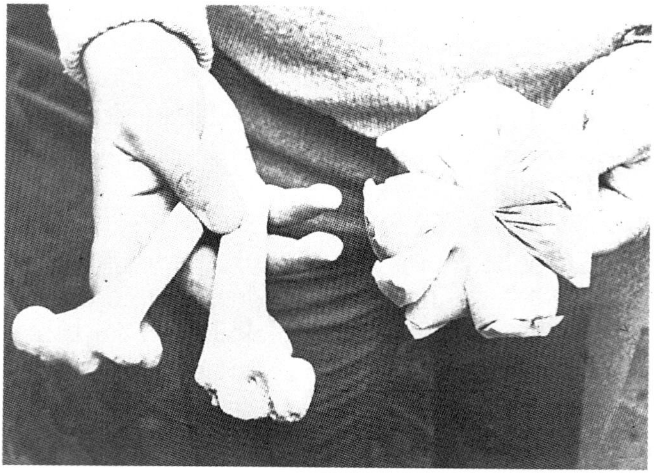

Estos son los huesos de los «decapitados» que yacían bajo el subsuelo de la casa. Nadie pudo explicar jamás la ausencia de cráneos. ¿Quiénes fueron enterrados allí? ¿Tienen algo que ver con el fenómeno?

La noticia fue un impacto que recorrió el país en apenas unas horas. La prensa desempeñó un papel destacado y siniestro en todo el asunto.

PUEBLO SUCESOS

Belmez de la Moraleda (Jaén)

UN PUEBLO ASUSTADO

• Aparecen misteriosas caras en las paredes de una vivienda

• Se habían raspado con cuidado, pero vuelven a salir solas

• Al excavar los cimientos, se encontraron restos humanos

seguía allí: plantando cara. Eso era lo increíble, lo esperpéntico. Una anciana compartía su vida con aquellas efigies cambiantes del suelo y solo algún viajero despistado se desviaba de la carretera, pasaba bajo el dintel de la puerta y en cuclillas, mirando hacia abajo, exclamaba:

—*¡Aquí ha salido otra!*

A lo que María ni siquiera respondía. Callada, inmersa en sus pensamientos. Quizá dándole vueltas e intentado saber por qué a ella. Por qué allí.

En eso se ha convertido su existencia desde 1971.

Y cada vez que se acostaba miraba a la bombilla pelada que colgaba del techo engarzada al cable. Y antes de apagar se cruzaba con la cara de bigotes, más redonda, más grotesca que cuando apareció. Ahora da la impresión que de la boca le sale algo, como un vómito. Y entonces sentía, aunque fuese por unos segundos, aún tamizada la impresión por treinta y dos años de compañía, el latigazo del miedo.

Un miedo seco a sus propios invitados.

—*¿Quién eres?* —ha preguntado más de una vez en silencio.

Y no sabemos si *algo* le ha respondido.

Informábamos cada cierto tiempo desde las páginas y los micrófonos, con cierta esperanza. Como aguardando una prueba, una pista, una nueva vía que nos hiciera sumergirnos aún más en ese abismo de dolor y misterios. Que nos explicase la verdad o la mentira de todo aquello.

—*Mi familia murió así. La mataron de esa forma.*

Y, con esa sentencia retumbándonos en las sienes, empezamos esta investigación. A golpe de corazón, guiados por la intuición, convencidos de que la prueba, la pista, la vía..., estaba en esas palabras.

La fotografía

Hacía años que María vivía sola en esa casa. Más de una y de dos veces nos confesó la dualidad de su vida. Temía a las caras y a la vez sentía una especie de protección.

—*¿Por qué Dios me habrá enviado a mí esto?*

Lo que en un principio fue amarga queja propia de una maldición, se ha ido convirtiendo en duda existencial, en inquietud más sosegada. Ya no tiene el pánico de aquellos primeros días cuando su hijo, harto de tantos vecinos agolpados a la puerta, picó el feo rostro y echó una lechada de cemento sobre él. Pero ¡qué terror! cuando, siete días después, la cara, como una venganza, se asomó de nuevo idéntica y horrible.

Tres décadas son demasiadas para seguir con la broma. Y más aún con una anciana que llevaba bastantes años tranquila, frente a su televisión de blanco y negro, ocultando las piernas entumecidas bajo la mesa camilla..., en una rutina que ya no se parecía al ajetreo y los sustos de antaño. A aquellas pruebas de los científicos, arrancando suelo a altas horas de la madrugada, a aquellas

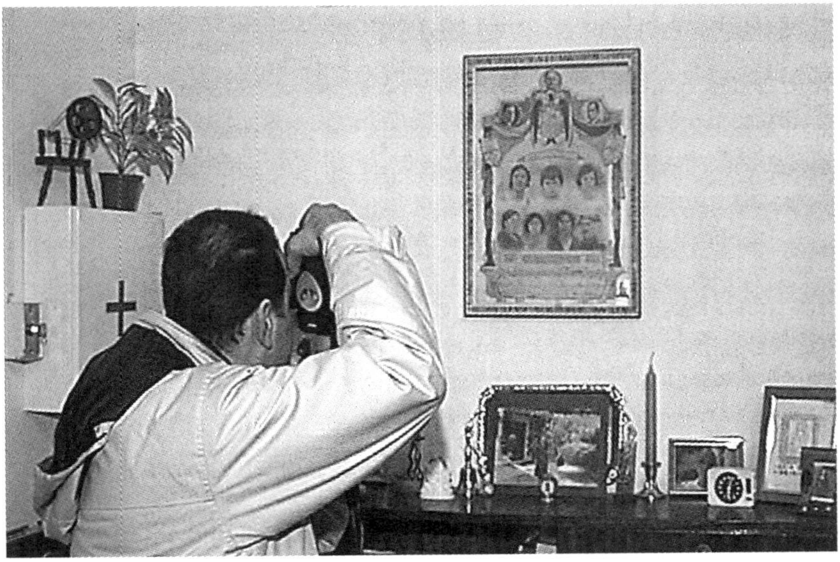

Fotografiamos aquel cuadro como si de una reliquia se tratase. Allí, casi escondido, dormitaba el único testimonio gráfico de la familia masacrada.

voces de niños que gritaban como apaleados que surgían en los magnetofones sin que nadie las hubiese escuchado.

María recuerda las noches de insomnio, los profesores de universidades alemanas, las bobinas grabando en silencio, varias a la vez, junto al hueco del que salían los huesos. Y aquella primera voz:

—*¡Es que yo sigo enterrada!*

Aquel grito de mujer que se había quedado enganchado en la cinta y que había emanado del silencio, solo audible en aquellos aparatos plateados que giraban. Instrumental de última generación para aquella familia de pastores en 1971.

Aquella exclamación, ahora, aunque lo intentase evitar con todas sus fuerzas, seguía trayendo imágenes de un drama oscuro.

Quizá por eso se arrepiente de haber colaborado en el experimento. Quizá salió a la luz una pista que era mejor que permaneciese secreta.

Era como si todo se le hubiese revuelto por dentro, ya al final del camino.

¿Cómo era posible? —se ha preguntado todas estas noches— ¿Cómo la «mujer dormida» sentada en su propio sofá había relatado cosas que nadie sabía?

Lo había hecho con tanta fuerza y verdad que a María le pareció el retrato de una película que fue real. Un secreto de familia en boca de una desconocida.

Efigies de niños, hombres y mujeres; tortuosas, puro impresionismo que aprovecha las partes más oscuras del hormigón para autogestarse como si fuesen dibujadas por un pincel invisible. ¿Qué sentido tenía todo aquello? ¿Acaso era culpable de algo? ¿Una acusación? ¿Una promesa no cumplida?

Las caras tienen muchas formas de ser entendidas cuando una pasa los años en silencio solo con su compañía.

En la misma entrada de la puerta, hacia 1990, apareció un cuerpo femenino desnudo, largo, mostrando los senos y rodeada de niños, algunos segmentados, como miembros mutilados. Uno de ellos, inexplicablemente, sonríe.

La cara del guardia civil Miguel Chamorro, el padre de familia, nos produjo enorme impacto. No sabemos explicarlo, pero su mirada, su mueca, la expresión de su rostro perdido en el tiempo, nos llenó de inquietud. Enseguida la relacionamos con La Pava, *la efigie que lleva más de treinta años en la casa del misterio.*

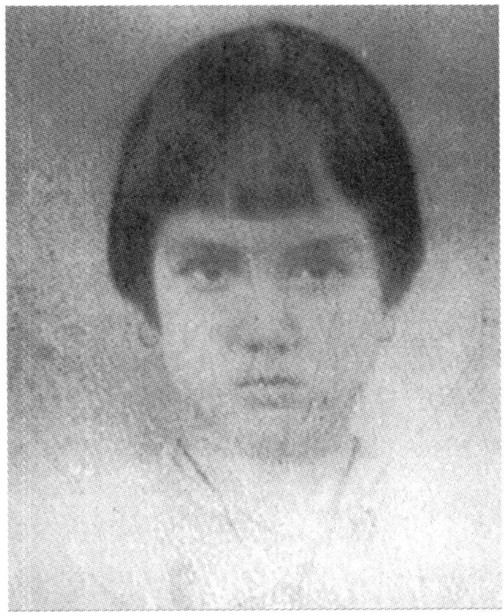

Estábamos seguros; la mirada de Francisca Chamorro —cuatro años cuando murió— quería decirnos algo.

Duró unos ocho años y se borró poco a poco, como un mal recuerdo. Años antes surgieron las espectrales formas de unos fetos con gran cabeza y mirada penetrante, algunos flotando sujetos al cordón umbilical.

Un mundo de pesadilla en aquel lienzo duro del suelo...

—Hay un antes y un después de esto. En esas fosas comunes del santuario hay niños de tres años con tiros en la cabeza. Aquello fue un episodio negro, oculto, de la guerra. La familia de María murió así. Nadie lo sabía..., pero esto explica muchas cosas.

Bru, muy impresionado, habla a borbotones por teléfono. Ha dado, casi de carambola, con una nueva dimensión de esta historia. Una casualidad genial; un nuevo campo que explorar dentro de un enigma que se moría.

Todos habían rastreado el pasado en busca de un *detonante dramático*. Y se habían fijado en la casa, en el suelo, en los restos... Tenía que haber, según aquellos expertos pioneros, algo que explosionara el poder mental y produjera aquel milagro o aquella maldición. Y quizás ahí estaba. En un viejo secreto descubierto por el atajo inesperado de la hipnosis.

—Es muy fuerte, amigos. María sueña con aquella gente..., están en su subconsciente..., siempre.

Nuestro interlocutor estaba convencido de que los miembros de esa familia son las caras. Su venganza, su recuerdo, su condena. ¿Qué buscan? Nadie lo sabe. Pero cree a pies juntillas que en la vieja casa, ajena a la ciencia y a los laboratorios, se ha estado produciendo un contacto directo con el más allá. Con almas en pena. Con espíritus. Un contacto constante y que nadie ha sabido leer hasta ahora.

Palabras mayores.

Nosotros, como periodistas, como informadores que buscan la objetividad, no podíamos tenerlo tan claro. Y no lo teníamos. Son muchos los años de seguimiento del caso, muchas las pruebas y denuncias obtenidas con sangre y sudor que demuestran la inexistencia de fraude..., y debíamos mantener la calma. Pero, a veces, nos tambaleamos por el puñetazo de la impresión. Hemos de reconocerlo: nada nos había inquietado nunca tanto como esta nueva vía que se abría ahora.

¿Por qué nunca lo contó antes? ¿Cómo nadie sabía esta tragedia en el pasado de la persona que vive y convive con las caras? ¿Por qué, si las efigies de Bélmez son el recuerdo de esas personas muertas de forma violenta, no surgieron hasta treinta y cuatro años después de la masacre? ¿Y cómo fueron los últimos momentos de esos «mártires» del pasado? ¿De qué forma murieron exactamente? ¿Hay algún tipo de «deuda pendiente»? ¿Cuál era su conexión con María? ¿Dónde están sus cuerpos?

Las preguntas se nos acumulaban hasta hacernos daño. Así nos plantamos en casa de Isabel Chamorro..., ante aquella foto, la única que existe de toda la familia.

Y nos quedamos sin palabras. Ni siquiera valía la exclamación, la admiración o el espanto.

Nuestro silencio era todo eso y mucho más.

Capítulo 3

Rumbo a la tragedia

Mirad caminantes, que os habla esta piedra, es Sierra de Andújar, gloria de las sierras, breñal encantado de Sierra Morena...

Es por eso, viajero que a este sitio llega, por lejos que vaya, alma aquí deja.

[Inscripción en *Valdeinfierno*, en la subida al santuario.]

LAS CARAS CONCUERDAN. Hay algunas cuya similitud causa espanto. La de la niña Paquita tardará mucho en abandonar nuestra memoria. Parece, efectivamente, que quisiera hablarnos.

> Francisca Chamorro Gómez, cuatro años, muere despedazada junto a su madre y hermanas en las inmediaciones de la llamada Casa Colomera este 26 de abril de 1937, en el doscientos cincuenta y un día de asedio.

Las palabras escritas, como acta de defunción en guerra retumban y se entremezclan con aquel cuadro dramático y angustioso. Unos retratos detenidos en el éter del tiempo que nos acongojan, que nos atrapan, que no permiten que desviemos la mirada.

Los dos periodistas nos encontramos como hipnotizados, sin parpadear. Aquello no puede ser casualidad.

Isabel Chamorro es la que rompe el silencio:

—*Yo salí muy herida. No me mataron de milagro. Fue ya en los últimos días, cuando el capitán Cortés ordenó que cada uno se buscase la vida entre las piedras. Casi todo se había caído ya..., y mi madre y las cinco chiquitillas buscamos cobijo en una cueva...*

Tiene que buscar un pañuelo blanco. Las lágrimas afloran bajo el cristal de las gruesas gafas. Se queda callada también.

—*Yo era la más pequeña* —prosigue, tras unos segundos mirando hacia ninguna parte—, *tenía un año y allí cumplí dos. Mis hermanas eran: Paquita* —pone el dedo índice sobre su foto—; *Remedios, de ocho años; Carmen, de dieciocho; Ana, con veintiuno, y Juana, la mayor, con veintitrés. Este cuadro nos lo mandó la guardia civil para que lo tuviésemos de recuerdo...*

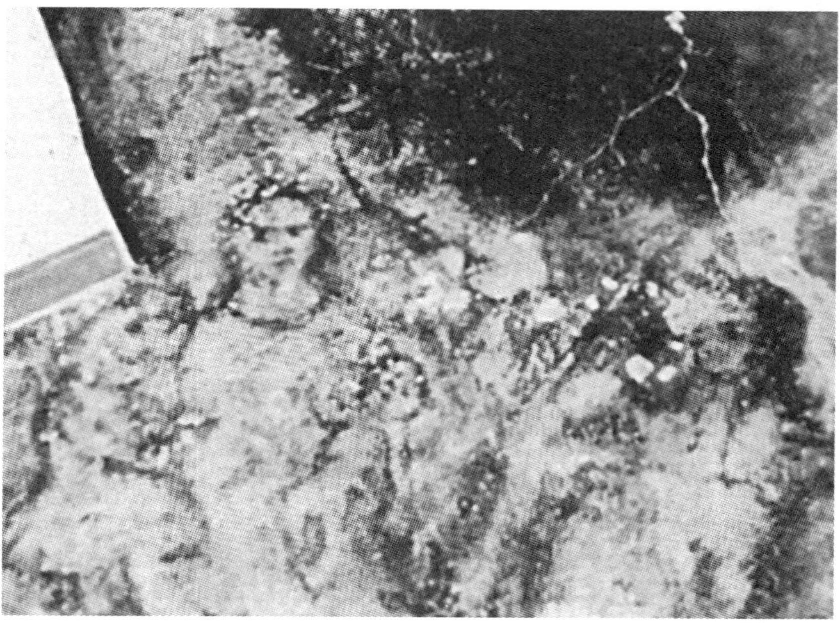

Al escuchar el relato pormenorizado de la muerte de las mujeres de la familia Chamorro, en boca de la única superviviente, no podemos evitar recordar una de las más extrañas formaciones surgidas en Bélmez a final de los ochenta. Un complejo entramado de figuras femeninas, una de ellas con una criatura casi fetal en los brazos, arremolinadas, como si esperasen la tragedia.

Allí, a lo lejos, colgado del cerro Cabezo, aparece el lugar donde todo ocurrió.

—¿Y todos ellos mueren allí ese día?

—No. Es una historia muy dura. Me cuesta recordarlo... No podéis imaginar lo que fue. Mi padre y las dos mayores murieron envenenados... Comieron unas raíces o hierbas venenosas. Allí no había nada que comer y claro...

—¿El padre era Miguel, el guardia civil? —preguntamos, intentando calibrar el drama de aquella gente.

—Sí, él tuvo que trasladarse al santuario; estábamos sitiados, y fueron todas las familias. Y allí cayeron. Mi madre y el resto de las hermanas, de un cañonazo... Eso lo tengo grabado.

—Ocurrió cuando se protegían en aquella cueva, el día 26 de abril...

—Eso. Así fue. Dijeron que cada uno se metiera donde pudiera... Ya era aquello... todo piedras caídas. Los muros fueron derrumbados por los cañonazos, y entonces vino uno a nosotros y, fíjate, mi madre partida por la cintura..., partida en dos..., una hermana con la cabeza por un lado y el cuerpo por otro..., y yo allí en un pan de sangre.

—Pero sobrevivieron una hermana y usted...

—A mi hermana Amparo, que tenía catorce años, vino un guardia civil con su casaca y la cogió de un brazo y se la llevó. La salvó...

En ese momento nos miramos. Un hombre uniformado, una niña apartada de los suyos... Aquello lo hemos escuchado en alguna parte. Y no podemos dar crédito a nuestros oídos...

—Ella iba mirando para atrás, llorando, sintiendo cómo caían los cañonazos..., viendo cómo moría toda su familia. Ella ha estado siempre muy enferma de los nervios, recordando esta imagen que le hizo perder el habla. Cada noche, una tras otra, viviendo aquella escena hasta que murió.

Felipa Gómez, sobrina por parte paterna de la dueña de la casa de las teleplastias, conoce perfectamente el misterio y este descubrimiento la desborda. Entra y se une a la conversación con una sentencia llena de dudas y miedos. Una pregunta a bocajarro que, como tantas, nadie está en disposición de responder. Es el fiel reflejo de la sociología del milagro que aún pervive en estos pueblos de la bendita Andalucía:

Las cruces de piedra, marcando lugares de muerte y tragedia, aparecen por todos los rincones. Nosotros, sin poder evitarlo, nos acordamos de las palabras de Ana Castillo en su estado de trance:
«Veo cruces, muchas cruces..., y un edificio que se cae».

Sobre el edificio solitario y reconstruido aún retumban los ecos de un pasado terrible que nadie quiere recordar...

—¿Y si las caras se aparecen para pedir justicia? ¡Ay Dios mío! ¿Y si se están manifestando porque tal vez quieren decir que los asesinos estén vivos todavía?

Silencio sepulcral.

Dispuestos a realizar una investigación rigurosa, con el único objetivo de que la verdad aflore para conocimiento de los que quieran saber, nos despedimos, apretón de manos firme, de una Isabel muy afectada, prometiendo regresar con nuevas pruebas. Con evidencias de aquella conexión sobrecogedora entre su familia y las caras que llevaban treinta años en el suelo de la cocina de su tía. Esa posibilidad que se barrunta, se presiente y que la desconcierta tanto como a nosotros.

Con la imagen clavada de esa niña que se alejaba viendo cómo los suyos quedaban atrás, reventados por los morteros junto a una tapia derruida en mitad de la nada, emprendemos rumbo al lugar donde todo ocurrió.

Al recinto en el que, a pesar del tiempo transcurrido, intuíamos la aparición de nuevas claves.

Solo había que saber leerlas.

En Andújar, hacia las 14.30 horas

Se une a nuestra comitiva Carmen Porter con su cámara digital al hombro. La periodista está muy impresionada. Aunque su instinto femenino le impulsa a mantener la guardia, nosotros ya no podemos. Hablamos con aspavientos, casi a gritos, resaltando cada pormenor de lo que hemos visto, oído y anotado. El rostro del padre con sus recios bigotes y ojos asimétricos, el de la redondeada cara de la niña, el anguloso mentón de una de las hermanas, todo corresponde en gestos y expresiones con las teleplastias. Como en un puzzle del que se encuentra la última pieza perdida.

La sufrida camarera, y no será la última vez, espera repitiéndonos el menú sin obtener respuesta. ¡Si ella supiera!

En algunas murallas aún perviven los destrozos de los cañonazos. Junto a ellos, más cruces, señalando el punto donde hubo enterramientos civiles.

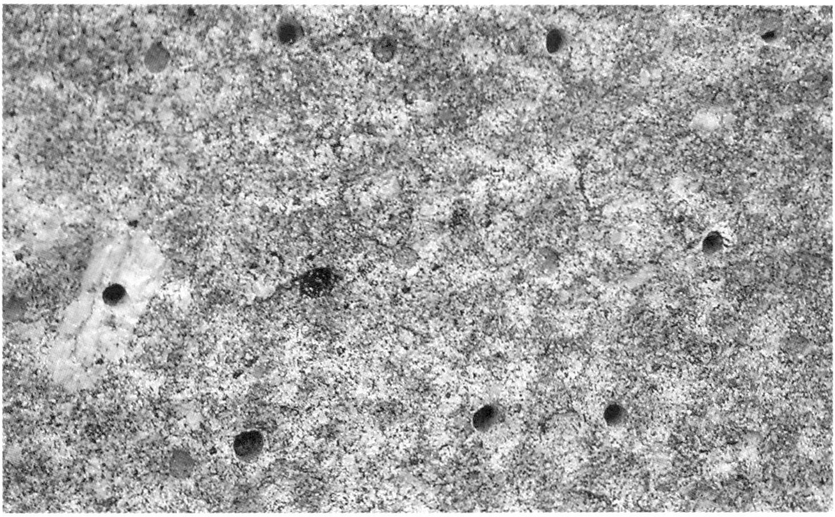

En cada esquina, en cada rincón, permanecen las heridas de la metralla que acabó con tantas vidas, la mayoría mujeres y niños.

Es un material que quema en las manos, que reclama soluciones, profundizar hasta donde nadie haya llegado. Y la adrenalina nos brota por los poros. Hay emoción viva en la mesa de El Churrasco, el agradable restaurante en el corazón de la ciudad olivarera que nos acoge con su mesa redonda y sus buenas viandas. Cuando, a la hora de los cafés, la luz de todos los salones se apaga de modo inesperado, sonreímos casi nerviosos. Cualquier detalle, por nimio que sea, nos sobresalta.

Nervios a flor de piel, que se dice.

La documentación que hemos ido recopilando sobre la tragedia del santuario de la Virgen de la Cabeza daría para completar varios tomos enciclopédicos. Hemos rebuscado en archivos militares de Madrid y Andalucía, recuperado actas, consultado viejos libros y desempolvado fotografías que dormían el sueño de los justos.

Fantasmas que también vuelven al presente para ocupar su lugar en la trama.

Fue una de tantas irracionalidades cometidas, igual da el bando, en nuestra sangrienta Guerra Civil. Una contienda que todos los estudiosos, con el paso del tiempo y, por fortuna, los ánimos más calmados, no han dudado en catalogar a nivel internacional como una de las más despiadadas de todos los tiempos. Los historiadores consultados —como Enrique Gómez, miembro de la Real Academia de la Historia y del Instituto de Estudios Jiennenses— nos confirmaron lo espantoso de lo allí sucedido en batalla claramente desigual. Sin embargo, el eco de los acontecimientos del santuario nunca alcanzó la gran relevancia que tuvo, por ejemplo, la toma del Alcázar de Toledo. Es curioso. Solo en círculos muy concretos —como la Guardia Civil— se ha mantenido el recuerdo, quizá idealizado o distorsionado por el tiempo, convertido en gesta o epopeya sin precedentes. Sin embargo, y bien que lo comprobamos, para otros muchos lugareños aquello fue una carnicería propiciada por esos mismos guardias, encerrados en su propia locura en lo alto de un cerro.

Lo cierto, al margen de interpretaciones que nunca son del todo objetivas, es que no hubo durante las batallas enviados especiales de prensa —apenas acudieron los últimos días— y muy pocas evidencias gráficas de aquel desastre se publicaron en los medios de la época.

Fue un *infierno* sin publicidad.

Nuestra impresión, lógica por otra parte, es que las gentes sencillas de Andújar quieren olvidar todo aquello. Una historia fácilmente politizable y sobre la que, como un sarpullido, emergen a cualquier nivel enfrentamientos perpetuados con una sola mención. Material sensible, que con su solo planteamiento puede estallar en cualquier dirección.

Y nos aconsejan prudencia y cuidado extremo.

Pero lo nuestro no es hablar de quién tuvo razón o no, sino de averiguar qué ocurrió realmente. Queremos ir más allá, saber cómo vivieron sus últimos días y bajo qué circunstancias de presión y drama murieron los integrantes de la familia del misterio. Conocerlo todo en torno a aquellos meses de lenta agonía en las montañas es necesario y urgente para, quizá, comprender en su justa dimensión lo que después ocurrió en una cocina de pueblo, de noche, con una mujer enferma que entre los sudores de las fiebres de Malta sacaba fuerzas de flaqueza para preparar la cocina a su rudo marido que bajaba del monte. Esa mujer que cambió su historia y la del pueblo con un grito:

—*¡Una cara!*

Los nueve meses de asedio, en los que dejaron de existir más de doscientas personas, son palabras mayores. Y en ellos hay que sumergirse.

Los expertos buscaban un acontecimiento de un dramatismo expreso y ahí estaba. Muertes que no podemos ni imaginar en su crudeza, en su desesperanza, envueltas por constantes llantos de niños. Una banda sonora que, casualmente, había aparecido varias veces en las primeras grabaciones dentro de la casa de las caras. En silencio, sin que nadie hubiese escuchado nada, la cinta registró lamentos.

Sobre la mesa, como un resorte entre nuestras carpetas y papeles, aparece el artículo de aquel periódico. Es el diario *Pueblo*, el que mayor despliegue informativo dio al asunto. Bajo el titular de «Las caras hablan» aparecía esta crónica de los asustados Antonio Casado y Uttama Sitkari, refiriéndose a una técnica desconocida por aquel entonces en España:

> Fue poco antes de las doce de la noche cuando dispusimos el magnetófono para iniciar la más trascendente de las sesiones psicofónicas.
>
> Se realizó dentro de la más estricta y seria rigurosidad. En la habitación de las caras de Bélmez la noche es otra..., avanza lenta, apretada, llena de rumores intuidos. Y el diálogo del magnetófono con las sombras busca el soporte de la larga cinta. Éramos conscientes de que por debajo del zumbido mecánico de nuestro aparato grabador, muy por debajo del umbral de percepción de nuestro oído, el tiempo mantenía el diálogo con unos estremecedores recuerdos, que ni aun la muerte había podido borrar. Recuerdos que estaban allí, con aquellos espantosos quejidos de mujer.
>
> ¡Borracho! ...Y el espeluznante lloriqueo de un niño moribundo. Y chillidos, más chillidos, inacabable. Penetrantes chillidos de temor entre sollozos. Dolor sobre dolor. El dolor prolongado de un espanto condensado. Y más revelaciones. Una hora entera de confesiones escenificadas con ruido de ambiente. Y, por encima de todo, el horrible gemido de los niños..., ¿masacrados?

La vieja inscripción de Valdeinfierno.

En aquel 1972, nadie siquiera imaginaba la tragedia que acompañaba a la dueña de la casa como una rémora secreta. Los viejos reportajes, las pruebas ya olvidadas efectuadas en aquella cocina, recreaban un ambiente que quizá se produjo en el santuario de la Virgen de la Cabeza como un calco trágico suspendido en el tiempo. Como el bucle de un recuerdo que no se podía borrar del cemento ni la memoria.

Dispuestos a averiguarlo, nos conjuramos contra ese olvido que tantas bocas ha sellado en la región y salimos al exterior.

«Mejor dejarlo todo como está», parece que quieren decirnos algunos, mirando hacia el cielo.

Y no hacemos caso.

Sobre el todoterreno, escrutando cada palmo de camino estrecho, avanzamos hacia el lugar más aislado de Sierra Morena. Allí aguarda el objetivo.

Dejamos atrás la llanura y en los primeros giros nos sorprende unas inscripción solitaria grabada en una roca:

Mirad caminantes, que os habla esta piedra,
es Sierra de Andújar, gloria de las sierras,
breñal encantado de Sierra Morena...
[...]
Es por eso, viajero que a este sitio llega,
por lejos que vaya, alma aquí deja.

El nombre del lugar nos intriga como una profecía a la vera del camino: Valdeinfierno.

Es el justo inicio de la ruta que muere en lugar sagrado. El principio del lento calvario de aquella gente. Y la imaginación y la memoria, sin que nadie pueda impedirlo, se nos va, vuela libre, hasta una escena que nunca vimos —aún no habíamos nacido— pero que quedó remarcada con fuerza en todos los rotativos de la época: la segunda experiencia psicofónica de Germán de Argumosa. Los magnetófonos de cinta abierta y el silencio en la cocina en plena noche con sus entrañas de cadáveres abiertas..., y, sin que nadie lo espere, en la audición de la grabación una voz que irrumpe, que se registra como por arte de magia. Otra señal. Otro grito de mujer:

—*¡Aquí empieza el infierno!*

Respiramos hondo y perdemos la mirada en las crestas que como un mar dibujan el horizonte cada vez más oscuro. El frío comienza a adueñarse del aire. Nos resguardamos de nuevo en el vehículo y metemos primera.

Quedan trescientas veinte curvas para recordar y asimilar con calma todo lo que allí ocurrió.

Capítulo 4

Mayo 1936-abril 1937: Del asedio a la locura

Las escenas que se han desarrollado no son para describir. Heridos de días anteriores muertos en los rincones en que se hallaban, familias enteras desaparecidas por la acción de la metralla o sepultados entre escombros... Las mujeres y los niños se han refugiado en cuevas. Aun así, rehúyen la idea de rendición. Esto, más que odisea, es ya locura...

[Mensaje de la paloma mensajera 46.415, enviado desde el santuario de la Virgen de la Cabeza en los últimos días.]

JAÉN, EL SANTO REINO que derrama sus campos en las junturas de Andalucía y Castilla, se convirtió en uno de los enclaves más convulsos de la Guerra Civil.

A mediados de julio de 1936, la situación ya es anárquica en la capital, esa ciudad siempre adormecida en su plácida vida provinciana que esta vez se despierta a tiros. En las barriadas más populares, a las faldas del castillo de Santa Catalina, hay acciones descontroladas, fuego y tiroteos. En los olivos que llegan casi hasta los racimos de infraviviendas hay reyertas y «paseos».

Fusilamientos sin delitos, juicios ni jueces.

Los dinamiteros de los pueblos mineros de La Carolina y Linares también efectúan diversas demostraciones de su fuerza. Hay un vacío de poder y nadie sabe cómo actuar. La provincia es la única que se niega a participar en el alzamiento nacional ocurrido el día 18. La desconfianza, conforme transcurren las horas, va haciéndose más densa. Bajo la imponente catedral, donde se custodia la llamada «Santa Faz» —en la que muchos quisieron ver el retrato de la primera cara de Bélmez—, los enfrentamientos y «señalamientos» entre familias llenan la noche de gritos.

Hay disturbios gravísimos en el campo, empuñando hoces, guadañas y palos, y los caminos se llenan de muertos de toda ideología en la población de Villarrodrigo. Una visión espectral que se reproduce como virus letal por los núcleos más importantes. Un estado de impunidad que afila los más bajos instintos y lo inunda todo como brutal reacción en cadena. Muchas venganzas, ojerizas atrasadas y envidias se dirimen navaja o pistola en mano. El descontrol ha tomado el control.

La Guardia Civil es desmantelada en Jaén, y sus miembros se niegan a seguir indicaciones del Frente Popular, planteando una huida hacia lugar seguro. Para algunos miembros eso es un suicidio, mientras que otros lo ven como única salvación. Todos se muestran a favor de la sublevación del ejército que ha tenido lugar en el norte de África y se han ido apiñando en importantes emplazamientos como Úbeda o Villacarrillo, abandonando los cuarteles y saliendo a los caminos con sus numerosas familias. Una hilera de peregrinación que avanza en la noche. A pesar de

En agosto de 1936, una multitud sube a bordo de los viejos autocares para refugiarse en el santuario de la Virgen de la Cabeza. Son las familias de la Guardia Civil de Jaén que se muestran partidarias del bando nacional. Son más de mil personas.

Isabel Chamorro nos dio esta fotografía única. Miguel —con el bigote engominado hacia arriba, tal y como ordenaba el reglamento— y María, su madre, con su primera hija. Eran jóvenes y no imaginaban la tragedia que se avecinaba.

las llamadas oficiales a la calma, la sangre sigue corriendo calle abajo. El 20 de julio una multitud armada acaba con la vida de algunos religiosos del convento de Misioneros. Los ecos llegan hasta Andújar, donde el capitán Reparaz y el teniente Ruano comandan a 14 guardias que la emprenden a tiros, causando seis víctimas entre miembros del Frente Popular. Todo se dirime por la fuerza. No hay más dialéctica que la de los tiros, porque el diablo de la saña ya está enquistado en todos los habitantes de la provincia, separados por la frontera ideológica que ya se extiende a todo el país.

El 18 de agosto, a las diez en punto de la mañana, tras aprovisionarse de víveres en algunos colmados de la ciudad, varios autocares viejos aguardan con sus pulmones renqueantes a la salida de la carretera. Hay 165 guardias civiles y sus familias, más un grupo de civiles y cuatro curas; aproximadamente mil doscientas personas[1], en su mayoría mujeres y niños, vestidos con las pocas ropas de verano que pueden coger de las casas cuartel. Nadie

---

1 Estos datos están tomados del informe *La epopeya de la Guardia Civil en el Santuario de la Virgen de la Cabeza*, Dirección General de la Guardia Civil, 1964. Sin embargo, algunos historiadores difieren en las cifras.

imagina que van a comenzar nueve largos meses de aislamiento y asedio.

A 686 metros de altura, sobre el llamado Cerro Cabezo, existe un santuario. Un enclave de remoto culto mariano, lugar frío y aislado que se encuentra flanqueado por una carretera tortuosa. Resguardado por cadenas de montañas, lo eligen como campamento idóneo para la resistencia, convencidos de que no se demorará la llegada de las tropas nacionales de Queipo de Llano, que ya están dominando el resto de las provincias del sur.

Se equivocaban.

Hambre

Setenta y cinco gramos de pan por persona y un puñado de garbanzos o judías —según el día— fue el menú obligatorio de los asediados. Y esto en los tiempos de bonanza. Las primeras jornadas resultan relativamente tranquilas, pues la masa humana no

Con unas condiciones higiénicas mínimas, el fantasma de la tuberculosis acechando permanentemente y alimentándose prácticamente de tallos y raíces, van pasando los meses de asedio. Los primeros en padecer los rigores del clima, el hambre y el hacinamiento, son los niños.

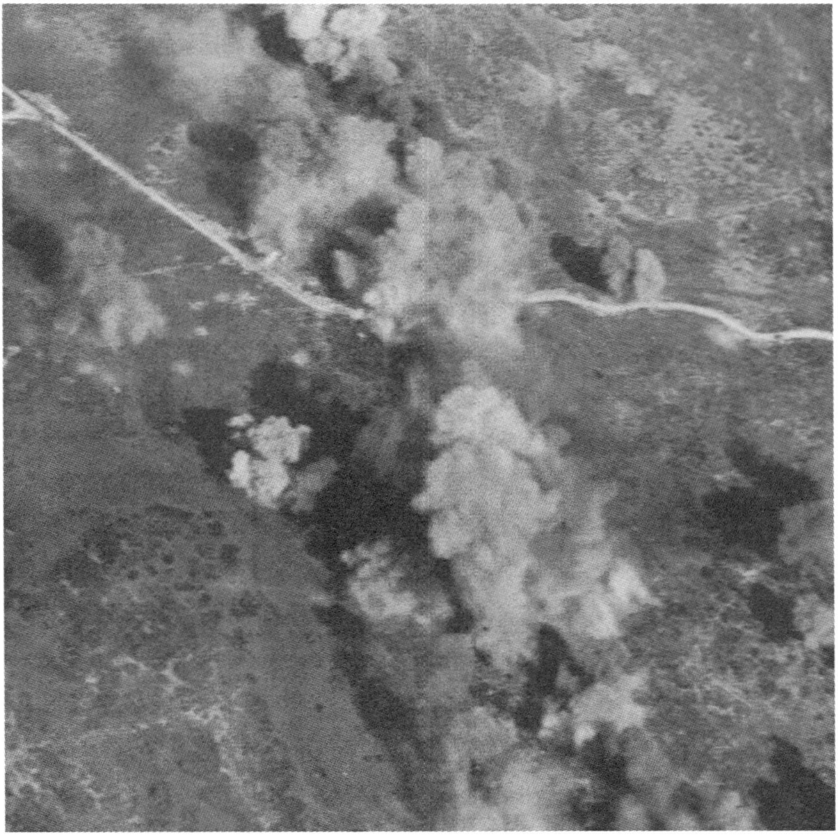

A la llegada del otoño son bombardeados desde tierra y aire las posiciones del santuario. Los muertos empezarán a ser enterrados en un paraje conocido como «pozo de la Higuera».

es consciente de que las brigadas 16 y 91 del llamado *Batallón Fantasma de Jaén,* con casi 12.000 hombres, tanques rusos, cuarenta piezas de artillería, lanzaminas y morteros estaban tomando las faldas de la montaña. Con las primeras bombas y sus estallidos comienzan los llantos, los quejidos interminables, a todas horas, día y noche, que acompañarán como música fúnebre nueve meses de pesadilla.

El 12 de septiembre, el capitán Santiago Cortés, al mando de los sitiados, renuncia por vez primera a la orden de rendición que lanzan los megáfonos de las milicias. El fantasma del hambre ya es el mayor enemigo. Causa más deterioro que la metralla y obliga a la suelta de palomas mensajeras. Sus mensajes, enviados por esa precisión mágica de las aves, portaban claves y dígitos que reflejaban una situación angustiosa. Al frente de Córdoba, tomado por el bando nacional, llegó el 28 de noviembre una con el número 46.403 en la pata.

Decía lo siguiente:

> *Día 28/niebla.*
>
> *Hemos llegado hasta hoy sin tener absolutamente nada que comer, siendo ya estos hombres verdaderos cadáveres que solo se mueven a base de un fuerte espíritu. Los muchos enfermos y el gran número de niños existentes sin otro alimento que unos gramos de madroños, recogidos con gran riesgo, a extremo de habernos ocasionado bajas, dan al campamento un matiz de tristeza y angustia.*

La «rebusca», que así se bautizó la arriesgada operación de rastrear las zonas donde caían provisiones enviadas por un avión nacional, produjo muchas muertes. El 2 de febrero comenzaba el drama de la familia Chamorro. Miguel, el progenitor, había acudido en busca de alguna lata de conservas reventada contra las piedras, semillas desprendidas de los sacos o quizá uno de esos trozos de tocino que a veces se descolgaban de los cilindros de metal que, a modo de bombas para paliar el hambre, caían desde la aeronave Douglas, pilotada por el capitán Carlos Haya.

En esa jornada, según consta en los archivos militares, el inventario que se precipitó desde el cielo fue el siguiente: 1.000 kilos de pan, 70 de tocino, 40 de manteca de cerdo, 15 de chorizo, mantas, alpargatas y cuatro metralletas inutilizadas al golpearse en las rocas.

Foto de la paloma mensajera 46.403, gracias a la cual se pueden conocer las situaciones exactas por las que pasaron aquellas gentes sitiadas en el cerro Cabezo. Eran enviadas hasta la zona nacional y cumplieron su misión con magistral exactitud. Sus mensajes eran el vivo retrato del horror.

Todos esos víveres se trasladaban al economato improvisado instalado en el santuario para procederse a su calculado racionamiento entre el millar largo de personas allí refugiadas. A las dos horas de este proceso se levantaba la veda. Los padres de familia bajaban hasta las zonas de hojarasca, hasta las zanjas donde podía haberse extraviado algo. Eran sectores vigilados y batidos por las fuerzas sitiadoras. Allí se produjeron las primeras muertes por disparo. Por eso Miguel Chamorro, guerrera verde y lacios bigotes —ahora caídos, pues ya no tenían el reglamentario aspecto del fijador hacia arriba—, tomó sus precauciones. Puso cuerpo a tierra y avanzó reptando sobre el suelo mojado hasta una ladera. No había restos del «rancho aéreo», pero sí unas jugosas raíces que paliarían el hambre de la familia por unas horas. «¡Parecen rábanos!», le indicó a su hija Carmen, tras agitar el brazo mostrando vía libre y ausencia de enemigos. El ansia y los días sin probar bocado les hicieron llevarse alguno de aquellos bulbos a la boca sin miramientos, recién arrancados de entre los hierbajos.

Y su desconocimiento lo pagaron caro.

Julio de Urrutia Echániz, consternado por la historia del santuario, escribió en 1965 *El cerro de los héroes,* una joya bibliográfica a modo de detallada memoria que, gracias a varios supervivientes, hemos podido tener entre las manos. En sus páginas recuerda lo especial y dramático de las primeras tres muertes entre los Chamorro:

> *Pepe Liébana atendió a los tres intoxicados durante sus terribles convulsiones..., pupilas puntiformes, ojos en estrabismo convergente y saliva rosácea. La raíz o tubérculo cuyas hojas se parecían al perejil del que habló la infeliz Juana poco antes de entrar en el ataque convulsivo debió corresponder, sin género de dudas, a la* cicuta minor...

Muchos de los que de allí salieron con vida recuerdan la fría noche «de los lamentos».

Era la primera vez que, con fuerza, se adueñaban del santuario, rebotando por sus paredes, multiplicándose y alcanzando todas las estancias. Llenando como en un quejido interminable toda aquella sierra olvidada. La fiebre y el delirio acompañaron toda la agonía.

Echániz la recuerda así en sus documentos:

> *El vulgar vómito no hizo el menor efecto en el estómago de Juana. Su rostro adquirió por momentos mayor palidez. Presa del gran pánico y dándose cuenta entonces del posible envenenamiento, vio penetrar por la puerta del botiquín los cuerpos convulsos y rostros desencajados de su padre y su hermana.*
>
> —¡Don José, que yo también he comido! *—gritó desesperada al médico mientras se agarraba fuertemente a la camilla como si quisiera abrazar por última vez a sus seres queridos.*
>
> *El cuadro era desgarrador en extremo. El líquido volvía al exterior ligeramente coloreado por una sustancia rosa fuerte. Lívida y descompuesta, Juana fue presentando los mismos síntomas que su padre y hermana para, como ellos, perder el conocimiento minutos después. Sus extremidades aparecían rígidas, las mandíbulas apretadas, el rostro desencajado por el efecto de las convulsiones...*

El acta de defunción elaborada por el capitán Cortés era escueta. Con la tarjeta de identidad serie A, número 24525, se certificaba con caracteres escritos a máquina la muerte del guardia primero Miguel Chamorro Sánchez, el día 2, a consecuencia de intoxicación.

Liébana Serrano atendió en sus últimas horas a los tres miembros envenenados de la familia Chamorro. Según apuntó en sus cuadernos de notas, fue uno de los hechos que más conmocionaron a todo el campamento en todo el asedio. Sus gritos rasgaron la noche durante horas eternas.

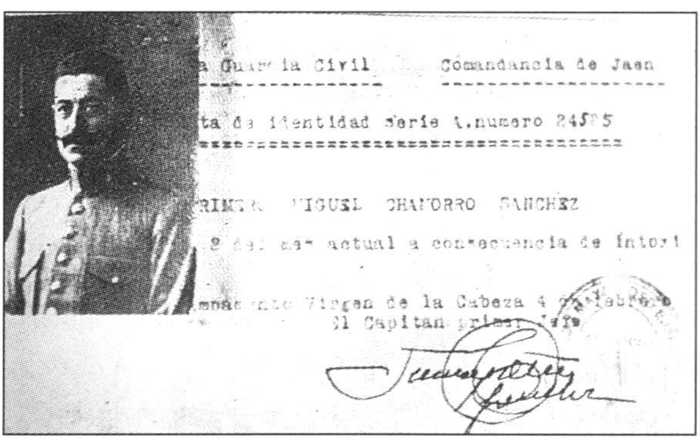

a Guardia Civil Comandancia de Jaen

ta de identidad serie A.numero 24525

RIMERO MIGUEL CHAMORRO SANCHEZ

2 del mes actual a consecuencia de intoxi

mpamento Virgen de la Cabeza 4

El Capitan

Un documento terrible: parte de defunción en el asedio firmado por el propio capitán Cortés. Miguel Chamorro y dos de sus hijas resultan envenenados tras ingerir cicuta minor. *Su agonía fue terrible. Murió, según los testigos que estaban allí esa noche, con el rictus rígido y vomitando una sustancia rosácea.*

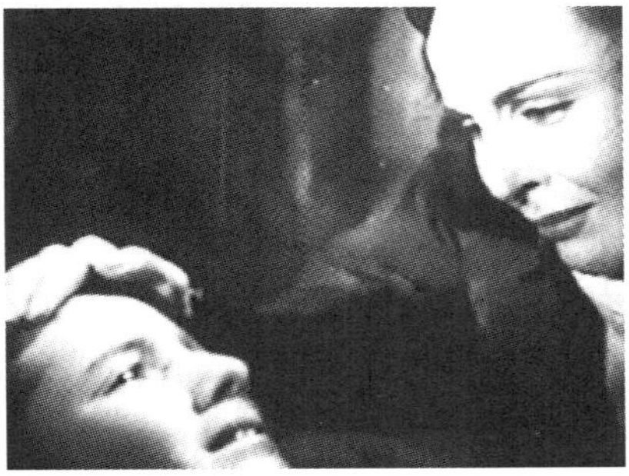

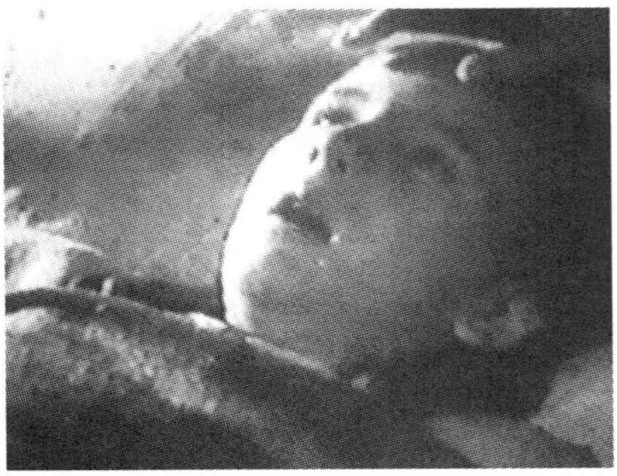

Una década después de los hechos, el director Arturo Ruiz Castillo filmaba ¡El Santuario no se rinde!, *con papel estelar del célebre galán Alfredo Mayo.*

En la película —en la que se incluyen escenas reales captadas en el lugar— se describe de este modo la dramática escena de la muerte por envenenamiento de una de las hijas de los Chamorro.

La firma del documento, acompañada de una vieja fotografía del padre que se grapó en un lateral, se firmo dos días después, tras el entierro.

Aquel, según recuerdan los supervivientes, fue un acto cargado de emoción contenida. Al amanecer, José Ortiz ofició de improvisado sepulturero. En un lugar conocido como pozo de la Higuera, situado a las faldas del santuario, en un gran hueco lleno de barro, abrazaron a las tres víctimas y las depositaron con sumo cuidado. El silencio era total, y aquellas caras, desencajadas por el dolor sufrido, se reflejaban con su blancura entre las sombras.

A la noche siguiente, entre estas lascas de piedra, en el llamado pozo de la Higuera, son enterrados abrazados los cuerpos de las tres primeras víctimas de la familia Chamorro. Hoy este espacio es el cementerio de las tumbas sin nombre.

Pocos de los presentes imaginaban entonces que la mayoría iría a dar con sus huesos a ese mismo foso oscuro como la muerte.

Cuando las paletadas de tierra fueron cubriéndolos sin más ataúd que una manta harapienta, algunos oficiales se percataron de lo fantasmal de aquellos tres rostros sin vida que miraban desde abajo.

José Liébana, el médico, apuntaba rápido en su libreta, clavando sus ojos en aquellos otros estrábicos, en aquellas bocas imposibles de cerrar, en los miembros tensos y agarrotados. La del padre, con su lacio bigote, parecía una mueca grotesca que, fruto del delirio sufrido, se reía de aquel espantoso drama.

Un sacerdote hizo dar unas campanadas antes de que llegase el día.

Después, poco a poco, todos se fueron marchando.

CAPÍTULO 5

Ya están aquí

—Eso parece de aquí..., de la tierra..., ¡sere humano son!.

—La de la pared e un hombre. Tiene bigote bastante grande... Veo una cara de lo hombre que había ante..., recio, fuerte.

—Tendrán que investigá eso a vé algún muerto de la familia.

[Declaraciones de tres vecinos de Bélmez al aparecer el fenómeno. Transcripciones literales. Doctor Martín Serrano, 1972.]

ANTONIO MOLINA, párroco de Bélmez de la Moraleda, salió de la sacristía escuchando las campanadas de las diez, justo antes de que llegase la noche. Hacía calor todavía y por eso no le extrañó que, a la vuelta de la iglesia, apareciese un corrillo de gente. Un puñado de vecinos que gesticulaban cuesta arriba, cerca de la pequeña fuente que parte en dos la calle de Rodríguez Acosta.

No le dio importancia y la sotana se fue alejando después de atravesar la plaza, mientras las sombras caían sobre el pueblo.

De haberse asomado tan solo un par de metros hubiera descubierto cuál era el singular motivo de tanta expectación.

Nada agradable.

María Gómez Cámara, riguroso traje negro, intentaba explicar lo que era evidente: en su fogón había aparecido una cara.

Apretujándose en un racimo, los presentes especulaban y, a la vez, hacían inventario de las características del rostro:

—*Lacio bigote, boca abierta, ojos estrábicos...*

Estaba en el fogón, en la superficie lisa donde la mujer cocinaba diariamente. En una superficie de cemento sobre la que se ponía el humilde puchero. Pero esta vez los pimientos se quedaron en la olla. Saltaron como un resorte cuando se oyó el grito. El espanto había hecho impulsarse hacia atrás a María para, sin apartar su vista de aquello, salir al exterior.

Nadie pensó en una broma.

Su marido, Juan Pereira Sánchez, conocido como «el Obispo» —mote que compartían varias generaciones de antepasados—, era orondo, rudo y venticuatro años mayor que ella. Bajó con las bestias de la sierra y se abrió paso entre el público para ir escuchando los veredictos de los allí presentes, apartándolos casi a manotazos:

María mirando al fogón y dando explicaciones al jefe de la Brigada de Investigación Criminal: «Le paso estropajo y lejía y no se va».

—Esto tie que ser de «los de abajo»...
—Ni alegre ni triste..., pue tiene ojo y tiene boca y bigote.

Algunos, aventurándose bajo la luz de la bombilla, trazaron rápidos paralelismos. Juan escuchó:

—Ese é el Santo Rostro.
—Puede sé santo..., o diablo...
—¡Ese señó de la paré e de mi familia y to!

Uno de los visitantes estaba muy nervioso. Se sentó en una de las sillas de paja que como único mobiliario había en la cocina y comenzó a hablar muy rápido. Se puso la mano en el pecho y respiró fuerte y muy seguido. Parecía preso de un ataque de histeria:

—Esa cara se llama Juan..., y yo..., ¡y yo soy también!

En apenas unos segundos, estalló la pura sociología del milagro. De la sorpresa a la inquietud y de ahí al torbellino del miedo incontrolado. *El Obispo* ya había escuchado bastante. La garrota la empuñó como elemento disuasorio. Un par de gritos bastaron. Nadie quedó en su casa. Tan solo María y aquella faz grotesca, como dibujada por la mano de un niño. Como una burla que se extendería hasta el tercer milenio.

Juan, intentando mostrar calma y prudencia, se pasó la mano por encima de la boina y prometió llamar al alcalde, Manuel Rodríguez.

Ellos sabrían mejor qué hacer.

Pico y cemento

Demasiadas visitas en aquellos días. Los curiosos no les dejaban comer ni dormir. Gente a todas horas aporreando la puerta número cinco. Pidiendo paso, opinando, echando ensalmos. El cura, no. Ese fue el único que no se acercó. En la iglesia había poca gente. El pueblo prefería ver el milagro en directo. Y la Rodríguez Acosta, siempre periférica, se convirtió en la calle más ajetreada del pueblo.

El ayuntamiento no sabía qué hacer, y, por tanto, no se opuso a que Miguel, uno de los hijos de Juan, borrase aquella pesadilla a golpe de piqueta. Tres pasadas de cemento, planchando la zona con fuerza, dejaron todo tal y como estaba. Como si no hubiese transcurrido el tiempo.

Pero la calma no duró apenas nada. Un suspiro. Al atardecer del 8 de septiembre una efigie idéntica a la primera, si cabe aún grabada con trazos más gruesos y visibles, esperaba en el mismo lugar, de la misma forma. En apenas cuatro minutos se formó, ante la mirada de María y un nieto, que mantenía en brazos y que lloraba sin cesar.

Con su dedo la señalaba, como si fuese un diablo.

—*Ya, ya...* —repetía María, meciéndolo, presa de un pánico que la devoraba lentamente.

El comandante de puesto de la Guardia Civil acudió rápido tras la llamada de auxilio del panadero, que vivía enfrente de la «casa del misterio». María Gómez Cámara estaba mal, sin habla y completamente lívida. Se negaba a entrar en su propia casa: aquella cara era el motivo.

Los hermanos Fuentes León practicaron la fosa de 2,80 metros por orden del ayuntamiento. Y allí comenzaron a salir huesos...

—He pasado lejía y estropajo y no se va —dijo, encogiéndose de hombros.

La propia Benemérita hizo el primer y aproximado retrato robot del individuo que tan toscamente aparecía retratado por segunda vez sobre el fogón:

— Cuarenta centímetros de ancho por sesenta de alto.
— Rostro oval.
— Ojos estrábicos a diferente altura.
— Nariz recta de apariencia aplastada.
— Boca abierta en tono más oscuro que el resto.
— Fosas nasales de forma frontal.

Una coincidencia macabra y que ahora cobra sentido: La Pava *fue recortada y empotrada, tras el cristal, en una hornacina. Desde aquel mismo instante, en septiembre de 1972, se fue ensanchando, le salieron algo parecido a dientes y su mirada y posición variaron. Lo más extraño es que de su boca, pasados los años, surgió algo, una especie de vómito. En aquel entonces nadie entendió el mensaje.*

— Recios bigotes que surgen desde las fosas y caen hasta los confines de la efigie.
— Cejas gruesas y rectas.
— Orientación de la mirada hacia la derecha.

Dos miembros de la Junta de Energía Nuclear, desplazados tras un comunicado interno del gobernador civil de Jaén, José Ruiz de Gordoa, aseguraron que «...para averiguar la presencia de uranio o cualquier otro material radiactivo presuntamente residente en el subsuelo», lo mejor sería proceder al recorte de la zona de cemento donde la formación aparecía. Así procederá el eficiente jefe de obras Sebastián Fuentes León; sin embargo, tras el primer análisis in situ de la cara, comprobarán que no existen pintura o añadidos sobre la superficie de hormigón.

Después, tras petición del matrimonio Pereira —que asistió en silencio a toda la operación—, la cara quedó alojada en la pared, empotrada tras un cristal. Una primitiva hornacina de donde aún no se ha movido.

Un miembro de la Brigada de Investigación Criminal, dependiente de la Dirección General de Seguridad, realizó un curioso experimento: dividió el rostro en dos mitades simétricas de manera vertical. El resultado relatado en su expediente era el siguiente:

El hijo de María Gómez y Juan Pereira, cansado de la curiosidad de los vecinos, decidió borrar para siempre el rostro a golpe de pico y cemento. Unos días después emergía una faz prácticamente idéntica.

Zona izquierda: Sumisión, asentimiento ante algo poderoso, tristeza, pesadumbre.

Zona derecha: Expresión amenazadora, grito encolerizado, ojos inexpresivos, semejanzas con el momento del óbito.

El gran especialista en arte y catedrático, Camón Aznar, sufrió un verdadero *shock* al visitar aquella figura. Lo hizo casi por accidente, llevado en volandas por una serie de habladurías que ya brincaban por los montes y aldeas de la provincia. La voz popular, sin que nadie supiera por qué, la había bautizado como *La Pava*.

Aznar, sin titubeos, realizó su preciso designio:

—Es un rostro masculino, marcadamente asimétrico y con expresión alienada. Los labios, ligeramente entreabiertos, muestran perplejidad. La mirada refuerza ese carácter de asombro paralizante.

Insertada bajo el cristal, sin posibilidad de contacto con el oxígeno, la cara comenzará un lento proceso de transformación y ligero desdibujamiento. Sin embargo, la expresión de la boca variará rotundamente. Surgirá lentamente una risa irónica, extraña. Y en la parte superior de la cara se irá acumulando un área en diferente tono que se asemejará, con los años, a una rudimentaria dentadura. Poco a poco, como en un reguero continuo de sangre, algo empezará a formarse en el centro del orificio bucal. En un principio, la familia piensa que es una lengua. Después, con el paso de los meses, se va haciendo más ancha. Es el vivo retrato de un vómito. De un espantoso vómito que expulsa la cara sonriente.

En esas mismas fechas varios alumnos de la Universidad Autónoma de Madrid, de viaje por las sierras andaluzas, llegan hasta la casa número cinco.

Todos comprueban cómo en la superficie de la que se arrancó la misteriosa efigie aparecían varios signos nítidos. Según se desprende del apresurado «informe» que realizaron, las nuevas imágenes duraron muy poco tiempo. Son varias cruces perfectamente visibles y una flecha que las señala.

Junto a ellas, dos letras mayúsculas: FE.

CAPÍTULO 6

Morir en Casa Colomera

> *Mi madre partida en dos, una hermana con la cabeza por un lado y el cuerpo por otro... Y yo allí, en un pan de sangre.*
>
> [Declaraciones de Isabel Chamorro, única superviviente de la familia.]

ABRIL DE 1937: las sombras de los tenientes coroneles Fe y Galdeano ascendieron por una loma repleta de cruces. Las botas de las milicias pasaron por encima de las viejas fosas comunes.

El cerco se estrechaba cada vez más sobre el santuario.

Casi toda la zona había sido ocupada.

Tenían la misión de dirigir a miles de hombres del *Batallón Fantasma de Jaén* para acabar cuanto antes con aquellos guardia civiles bravucones que se habían encerrado en lo más alto de Sierra Morena con sus familias. La resistencia había sobrepasado todo lo previsto y urgía terminar con un duro golpe de efecto. Los carros blindados y su peculiar sonido se aproximaron por las faldas de la montaña.

No había esperanza alguna para los sitiados.

Los llamamientos a la rendición no fueron escuchados. Las mujeres, a pesar de que la República, a través de los megáfonos, les aseguraba un trato digno, se negaron a abandonar el lugar.

Fe, en un documento obrante en el Servicio Histórico Militar, escribió a su segundo, de modo muy explícito, trasladándole la siguiente orden:

> *Conviene que aprovechando la masa de la aviación, que si las circunstancias no lo impiden estarán a vuestra disposición en un plazo de cuatro o cinco días como máximo, desenlacéis el asunto de Santa María de la Cabeza.*

Aquello fue una dramática profecía.

El capitán Cortés, en uno de los últimos mensajes enviados por paloma mensajera hasta el frente de Córdoba, expresaba sin tapujos una situación límite que no se podía aguantar por más tiempo:

> *Han robado nuestro ganado, necesitamos ropas con las que cubrirnos, pues, aunque yo estoy dispuesto a morir aquí, no puedo sacrificar a las mil quinientas personas que permanecen en el campamento.*

José Liébana Serrano, bigote y pelo rubio greñoso por los meses en aquella cárcel de piedra, ejercía de médico. En realidad, le faltaba una asignatura para licenciarse, pero en aquellas situaciones era lo de menos. Según los dramáticos —solo así pueden calificarse— partes médicos que firmó, podemos asegurar que desde el mes de febrero, sin anestesia alguna, dispuso de un se-

Un tanque —remarcado con un círculo— se aproxima al santuario lanzando sus proyectiles. Comenzaba la hora de la muerte.

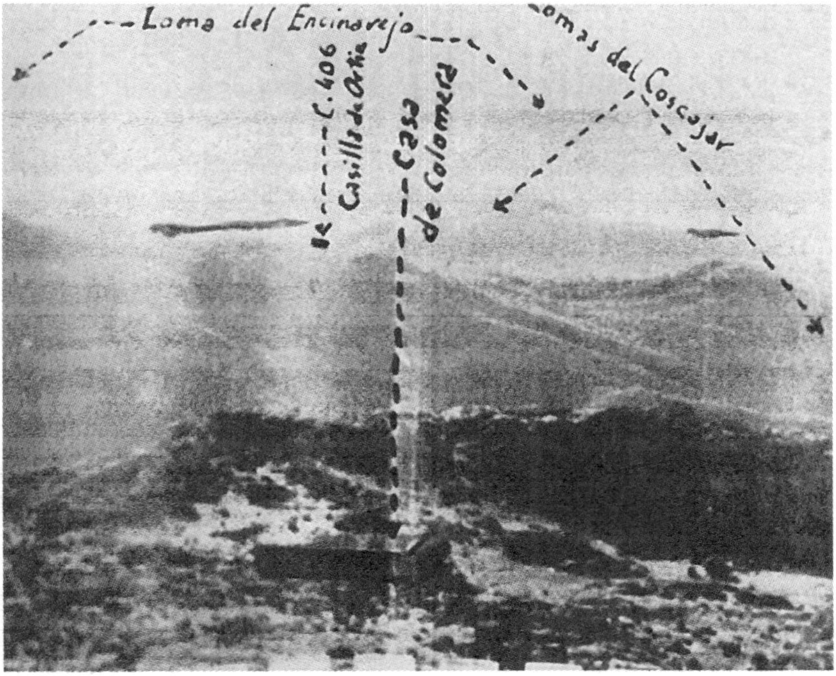

Situación exacta de la casa de la antigua Cofradía de Colomera, lugar solitario en el que los Chamorro decidieron refugiarse. Allí encontrarían una muerte atroz.
[Documento fotográfico del *Parte de Guerra*, abril de 1937.]

rrucho, dos bisturís y tres alicates para efectuar operaciones de gran complejidad y amputar miembros de los heridos. Un trago de coñac hacía de rudimentario sedante. No había camas. En la cripta, los más graves se apilaban con los huesos en el suelo.

Además, el «arador de la sarna», un diabólico ácaro, pequeño en tamaño pero devastador en su quehacer, carcomía las carnes sucias de la mayoría de los hacinados en espacios reducidos. Al mismo tiempo, sin la mínima asepsia requerible, decenas de tuberculosos expectoran sus sangres por las paredes. Las pocas inyecciones de calcio que había para calmar sus síntomas se habían acabado hacía semanas.

Los rezos se escuchaban en todos los lados de aquel laberíntico edificio iluminado ya tan solo con velas. De las diferentes estancias, de su negrura, salían plegarias entrecortadas por los gritos de dolor.

«¡¡Agua!!» era la palabra que más se repetía. Pero ya no había. Aquello era un infierno sin salida. Un ahogo de lamentos, un delirio en la oscuridad perpetua de aquellas ruinas donde faltaba comida y sobraba dolor. Donde los cadáveres se iban amontonando, entre quejidos que llegaban de lugares imprecisos.

A pesar de todo, veintidós mujeres darían a luz entre tanta desesperanza. Muchos de aquellos bebés no verían jamás el exterior del santuario.

Entre los días 15 y 17 de abril hubo un primer ataque directo, con balas perforadoras y tanques. Setenta y nueve muertos, la mayoría en los sótanos de la capilla por efecto de los cañonazos.

Isabel Gómez Cámara, hermana de María, y sus cinco hijas se salvaron de milagro aquella jornada. Pero el horror tenía una cita con ellas y pronto las iba a alcanzar en toda su crudeza y con una precisión difícilmente explicable.

Una granada de mortero cae justo sobre la zona de la casa Colomera el 26 de abril. Pudo ser el que aniquiló a las cinco integrantes de la familia que rezaban en un agujero sin luz.

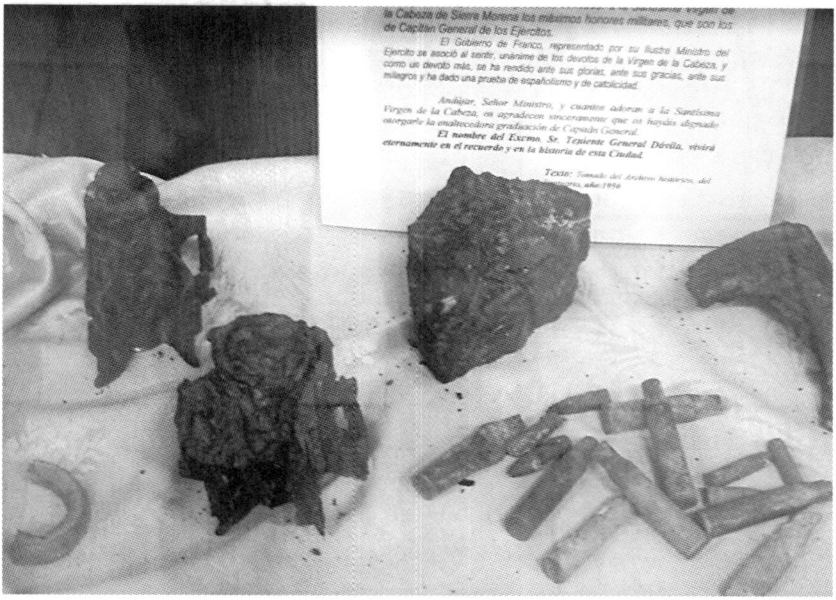

En una estancia del interior del santuario se guardan fragmentos de mortero y balas perforadoras que cayeron sobre Casa Colomera en aquellos días de abril de 1937.

El día 26, con niebla y malos augurios, con hambre y muchas jornadas de ayuno obligatorio, varios grupos de sitiados se dividen. El capitán Cortés manda un último mensaje suplicando una ayuda que nunca llegará:

Paloma mensajera número 46.415:

> *El día de hoy ha sido tenaz y mortífero en la actuación de la artillería. Las escenas que se han desarrollado no son para describir. Heridos de días anteriores muertos en los rincones en que se hallaban, familias enteras desaparecidas por la acción de la metralla o sepultados entre escombros... destruido el botiquín. Las mujeres y los niños se han refugiado en cuevas. Aun así, rehúyen la idea de rendición. Esto, más que odisea, es ya locura...*

Antes de que el envío aéreo llegue a su destino, viendo cercano el final, dio la orden de que cada uno se procurase la vida o la muerte, ocultándose entre peñas, grietas y cuevas. Cualquier refugio, cualquier hueco de la montaña, servía ante la lluvia de morteros que empezó a barrer toda la zona.

De fondo, el «cli-cli-cli» de las ruedas metálicas de los tanques, que suben como orugas prehistóricas mirando con su único ojo de fuego, iba acercándose hasta que, por vez primera, todos pudieron ver las maquinarias disparando.

Los guardias que aún empuñaban los fusiles sintieron la impotencia aferrándose al alma.

En aquella situación, las Chamorro decidieron apiñarse en un caserón abandonado, a unos quinientos metros de la pared sur. La Casa de Colomera.

Estaban rezando

—Padre nuestro que estás en los cielos, santificado sea tu nombre...

El murmullo de las siete voces femeninas retumbaba en aquella caseta de piedra. Se mezclaba con el llorar nervioso de las más pequeñas. Estaban juntas, la madre intentando abarcarlas a todas. Paquita, de cuatro años, se agarraba a las faldas y sus ojos grandes se veían entre aquella penumbra. Expresivos, siempre fijos en algo, ahora brillaban de miedo.

Remedios y Ana juntaban las manos mirando al cielo. Amparo e Isabel temblaban cogidas la una a la otra. Luego se oyó un silbido. Un siseo que se aproximaba poco a poco, lentamente, cada vez más cerca entre aquella oscuridad. Algo que como un ave fatal sobrevolaba el lugar dando giros cada vez más pequeños hasta posarse. Entonces la madre las agarró aún más fuerte contra su pecho. Amparo se adelantó unos pasos. El sonido, como un molinete de viento, estaba ya allí, sobre ellas.

El rezo cesó y se hizo un silencio.

Luego todo fue fuego, una luz fuerte, el brillo de la explosión como una bengala y aquel olor a goma y carne quemada.

Después, un grito como nunca se volvería a escuchar y la nube de polvo muy lenta que lo fue envolviendo todo como de un algodón borroso.

Las piedras caían sobre las cabezas, sonando al dar en el hueso, pero ya no dolían, porque todo dolía más de lo que nadie pudiese soportar.

Son cabezas inertes... Una estaba suelta, sin cuello, sin cuerpo. Era solo una niña. Más allá, la madre partida en dos. Abierta como una bisagra, los brazos extendidos y las manos hundiéndose en los matojos de hierba, agarrándolos con fuerza. El pelo se ha-

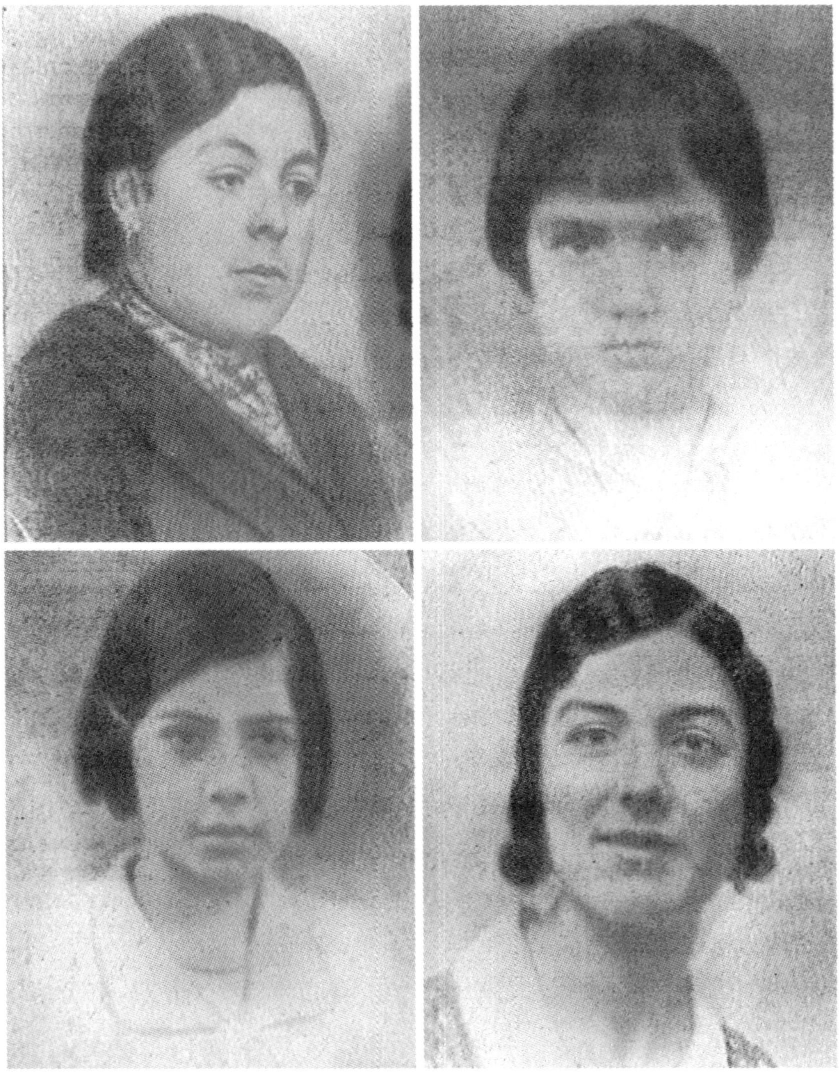

La madre protegía a sus hijas contra el regazo. Estaban rezando, mientras los morteros caían apenas a centímetros. Isabel Gómez acabó partida en dos, Remedios decapitada... Solo se salvaron Amparo, recogida en el último segundo por un guardia, e Isabel, que quedó muy malherida.

bía desmadejado. Y el dolor y la boca abierta ocupaban todo el rostro.

Isabel estaba envuelta en sangre, su vestido harapiento había cambiado de color. Sangre suya y de sus hermanas: en las manos, en el cuello. Lo último que vio fue a un guardia civil agarrando a Amparo, que había quedado casi en el exterior. Aquel hombre de uniforme la salvó llevándola hacia otra dirección imprecisa.

Un tapón en los oídos le impedía escuchar el entorno; como si tuviese el cuerpo embotado a presión dentro de un tarro. De fuera llegaron voces, más silbidos, pero tamizados, lejanos, como en un idioma incomprensible. El estruendo de más bombas, y aquella tierra en suspensión que olía a miseria y a muerte entraban por la boca y la hacía toser. En el suelo está la familia entera masacrada, como un cuadro antiguo. Ya no debe quedar ninguno excepto ella. ¿Y quién sabe qué suerte habría corrido su hermana?

Solo son dos niñas.

Después, el manto negro se fue, el fuego se apagó. Y a tientas salió de allí por el único hueco que quedaba como puerta. En el santuario, allá arriba encima de la ladera, se alumbraban las ventanas de rojo, atronando dentro del edificio.

Amparo Chamorro fue llevada en volandas por un desconocido de uniforme que la salvó la vida en el último instante. Cada noche sufría pesadillas con la muerte de su familia. Murió hace unos años.

Pero la vida la empujó a salir, a huir de aquello sacando fuerzas de donde no las había. Gateó oliendo el aire frío. No identificó a nadie, solo sombras altas que se movían como en un teatro, tanques, ruido de metal.

Atrás, en un chamizo derruido, había quedado toda su gente muerta. Destrozada por un solo proyectil.

En un momento notó unas manos firmes que la recogían.

—Esta niña se muere. ¡Llamen al médico!

Después las voces volvieron a engancharse, a formar una mezcla inaudible. Un mareo y los ojos que se cierran.

Ellas estaban rezando. Pero no sirvió de nada.

Capítulo 7

Las caras del dolor

Destacaban, fuertes y claras, dos voces de mujer que se autoidentificaban como Sofía e Isabel. Se grabaron fragmentos de una conversación en que se citaban hechos sangrientos, una pistola, niños muertos...

[Exctracto del informe oficial secreto elaborado por Germán de Argumosa y entregado al gobernador civil de Jaén, José Ruiz de Gordoa, en 1972.]

APARECIÓ UNA CARA frontal. Muy distinta a la anterior. Muchos decían que era una mujer. Alguien con pánico, con terror ante lo que se avecinaba. Luego, en apenas unos días, fueron saliendo un grupo de cabezas muy pequeñas, como satélites. Eran caras de niños, igual de espantosas en su miedo. Rostros que aprovechaban las zonas oscuras del cemento para mostrarse con una expresividad que dejaba frío hasta al más escéptico.

—No se preocupe, María, aquí no hay fraude y ustedes no van a ir a la cárcel.

Tras el portazo del jefe de la Brigada de Investigación Criminal, los Pereira respiraron. Las acusaciones de trucaje ya habían corrido por algún lugar. Y el engaño en aquellos tiempos podía pagarse muy caro. La decisión de hacer una foto de *La Pava* y venderla a cinco pesetas entre la concurrencia quizá no fue lo más adecuado. Guzmán, el fotógrafo del cercano pueblo de Huelma, las había hecho llegando a un acuerdo con María. Algo sin malicia, decían, pero a muchos les dio por elucubrar. «¡A ver si todo ha sido un montaje para ganar dinero!»

Demasiado montaje, pensaban otros. Era fácil descubrir si aquello estaba pintado, y si no lo han hecho... ¡por algo será! concluía la mayoría.

Una mañana temprano llegó el fardo de los periódicos al colmado del pueblo.

Un rostro que aparece y desaparece en un fogón...

PUEBLO SUCESOS

EN ESTE PUEBLO DE JAEN

CAPITULO 1

ALGO ESTA PASANDO

- Las apariciones de la «casa encantada» no son una patraña
- Las autoridades piden una investigación oficial

En enero de 1972, el diario Pueblo *se desplaza a Bélmez. Comenzará el gran* boom *nacional del asunto que durará exactamente un mes.*

Uno de los especialistas de Pueblo *coloca una lámina plástica sobre el nuevo rostro. Es completamente distinto al anterior. En apenas unos esbozos oscuros plasma un horror sin límite.*

Bajo este titular, la noticia a grandes tipos en los diarios *Jaén* e *Ideal de Granada*. La mecha se acababa de encender. Llegaron los investigadores y los periodistas. Gentes de vestir distinto, unos con cámaras fotográficas y otros de maneras atildadas y pulcras chaquetas con corbata. Estos últimos decían ser científicos, profesores, catedráticos. Algunos llegaban de las frías universidades de Alemania. Personas que nunca antes se habían interesado por el pueblo y que ahora, sin ruborizarse, afirmaban categóricamente que lo que ocurría en la casa de *La Larga* y *El Obispo*[1] era «el mayor enigma de la parapsicología moderna».

Tras ellos, en días sucesivos, un reguero de miles de personas que acabarían colapsando las calles con las cámaras del No-Do y la televisión de por medio. Así, tras aquella primera nota de un reportero que se presentó de improviso, el país comenzó a conocer lo que estaba pasando en aquella casa número cinco, en el corazón de aquel lugar que nunca salía en el mapa.

---

1 Motes del matrimonio Pereira.

Boca entreabierta. Y de nuevo las fosas nasales de modo frontal. Había rasgos comunes, sí, pero aquella cara era completamente diferente. Parecía a medio formar. A algunos les daba más miedo que la anterior. Un vecino recién llegado de Linares lo expresaba de esta forma a los magnetofones del primer sociólogo —Manuel Martín Serrano— que ya trabajaba en el lugar sondeando la opinión popular:

—Las dos están angustiás. Veo una cara aterrorizada como si estuviesen en un sitio solos, una cara de sufrimiento. La veo como esas personas que están sufriendo algo terrible. E algo de pena. Esa impresión la puede recibir ante una cosa imprevista, está viendo el horror, viéndolo. Esta del suelo es una hembra que está viendo la tragedia.

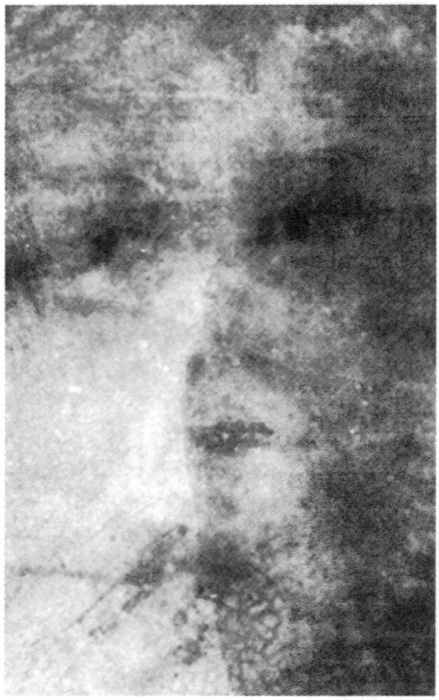

«Está viendo el horror, viéndolo. Esta del suelo es una hembra que está viendo la tragedia», *dijo un vecino tras ver aparecer la figura conocida como* El Cráneo. *¿Se puede expresar más con menos elementos?*

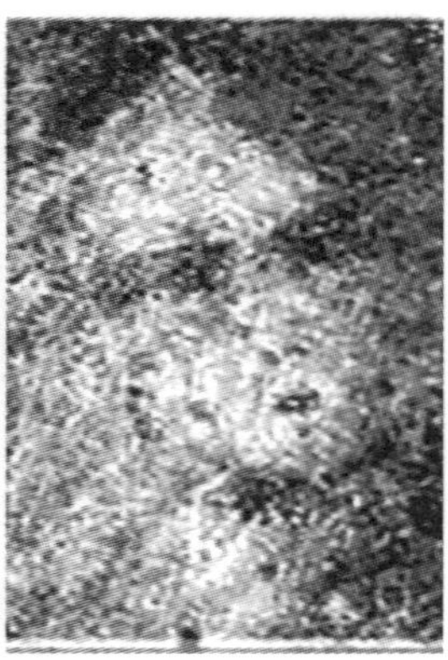

Observamos, de repente, al igual que lo hizo Bru en su programa de Canal Sur TV, que había una gran similitud en la forma oval del la cara y en los rasgos característicos esenciales del nuevo rostro y una de las hermanas. Era la segunda efigie en surgir y se asemejaba precisamente al segundo miembro de la familia Chamorro en morir.

Al poco tiempo, otras efigies más pequeñas, de niños o niñas, rodeaban a lo que los paisanos bautizaron como La Pelona. Un coro familiar que producía un sordo espanto en María. Como si intuyese algo. Como si aquello le trajese terribles recuerdos que ni todo el tiempo del mundo podrían borrar.

«¡Isabel!»

Germán de Argumosa y Valdés, hombre de aspecto impecable, con ademanes de viejo marqués curtido en mil batallas, fue enviado por el gobernador civil José Ruiz de Gordoa para realizar las primeras investigaciones. Ocupado en aquellos meses en realizar un seminario sobre parapsicología en la Universidad de Madrid, el cántabro, emocionado con aquel lugar donde todos los misterios parecían producirse a un mismo tiempo, elaboró un informe secreto que fue remitido como expediente oficial a Gober-

Germán de Argumosa (en la imagen) y el catedrático José de Solas colocaron varios magnetofones junto al foso practicado en mitad de la cocina. Según dejó escrito en el informe confidencial remitido al gobernador civil José Ruiz de Gordoa, la primera voz que se escuchó decía «Isabel», el nombre de la madre.

nación. Allí, bajo siete sellos, estaban sus pesquisas. En este documento confidencial, fechado a mediados de febrero de 1972, se especifica lo siguiente:

> *La experiencia psicofónica fue alucinante. Se grabó en silencio absoluto por parte de los presentes y, una vez terminado el experimento, se rebobinó la cinta para oír las posibles «entradas paranormales». La cosecha fue abundante..., e inquietante.*
>
> *Sobre el sonido de fondo, representado por los ruidos lejanos de la calle y el zumbido atenuado de algún motor de automóvil que pasaba, destacaban fuertes y claras dos voces de mujer, que se autoidentificaban con los nombres de «Sofía» e «Isabel».*

PUEBLO investiga

LAS extrañas apariciones de rostros en el suelo de una humilde cocina rural siguen llenando de inquietud y de perplejidad a los miles y miles de personas que ya han tenido ocasión de visitar personalmente el pueblo jiennense de Bélmez de la Moraleda. Tenemos novedad, pero una novedad capaz de estremecer al más escéptico. Confieso que yo lo era, pero he dejado de serlo al pasar una noche encerrado en la cocina donde aparecen las caras y, sobre todo, al escuchar la cinta magnetofónica grabada allí mismo por el parapsicólogo don Germán de Argumosa, introductor en España de la Psicofonía, y creo que único investigador que se dedica a la experimentación de los fenómenos psicofónicos en nuestro país.

• Algunos vecinos no se atreven a pasar cerca de la casa misteriosa

las caras HABLAN

El magnetófono del parapsicólogo De Argumosa ha recogido extrañas y dramáticas voces

Un arqueólogo, un químico y un parapsicólogo estudian las extrañas apariciones

Las voces supuestamente paranormales producen un seísmo en la opinión pública española. Con el titular de «Las Caras Hablan» el diario Pueblo *agota las numerosas ediciones de la tarde y bate sus propios records de venta.*

Escéptico en torno al asunto, el profesor de sociología de la Universidad de Madrid, Manuel Martín Serrano, realizó un gran trabajo, encuestando a centenares de belmorenses acerca de la identidad de las caras. Para la mayoría se trataba «de una familia». Aquella obra se tituló Sociología del Milagro *y fue el primer libro en torno a Bélmez.*

«*¡Isabel!*»..., el nombre se repetía varias veces en las grabaciones del viejo *Nagra* de cinta abierta que Germán de Argumosa colocó junto al rostro afeminado rodeado de pequeñas caras. Cada una de ellas parecía querer gritar una historia, una muerte. Nadie pensó entonces en la dramática muerte de Isabel Gómez Cámara, la hermana de la dueña de la casa. Una dueña que, al igual que su callado marido, se negaban a escuchar aquello. Los gritos de niños, los lamentos continuados, lo invadían todo. Y sobre todos ellos aquellos nombres. Aquellas claves que nadie supo leer...

«*¡Isabel!*»...

> *Los nombres de Sofía e Isabel* —proseguía el informe de Argumosa— *se mezclaban con voces y llantos insistentes de niños, y también la desagradable voz del Quico, una voz cascada que hablaba el dialecto andaluz de principios del siglo pasado, cuajado de arcaísmos. También se grabaron fragmentos de una conversación en que se citaban hechos sangrientos, una pistola, niños muertos..., todo mezclado con palabras soeces.*

El hallazgo de huesos de pequeño tamaño en el subsuelo de la casa provocó el estallido del miedo psicosocial sobre el pueblo. Una verdadera bomba de relojería de efecto retardado. Muchos, según denunciaba el diario *Pueblo*, no se atrevían a pasar por la casa misteriosa.

Al poco tiempo, tapado el «cráter» con kilos de hormigón, comenzaron a plasmarse una nueva tanda de rostros. Más fuertes, con expresiones aún más atormentadas. Uno de ellos era un hombre calvo. Durante dos días exhibió unas misteriosas letras en uno de sus brazos. Palabras que luego desaparecieron y que dificultosamente dejaban leer algo parecido a «Sunzu». Algo más arriba, en la zona correspondiente al tórax, afloraron unos números, como si una mano invisible los hubiese raspado: 6, 7, 39.

Meses más tarde, en toda esa zona, justo al pie del fogón donde nació el fenómeno, empezó a ser poseída por todo un rosario de caras interconectadas. El ojo de uno podía ser la de otra efigie invertida. Fusiones sorprendentes, impresionismo en estado puro, fascinante, jamás visto hasta entonces.

En pleno centro de la cocina se perfilaron una cuantas figuras. Tenían la posición del rezo y la súplica. Miraban hacia arriba, como esperando un siniestro devenir. Más tarde, en esos mismos centímetros cuadrados de cemento y absurdo, cobraría cuerpo una de las más impactantes caras de Bélmez. Duró poco, pero gracias a la cámara de un reportero gráfico quedó constancia de ella. Un grupo de cinco mujeres se apiñaban. Una de ellas era casi una criatura fetal en brazos de la madre.

Un cuadro que entonces nadie comprendió.

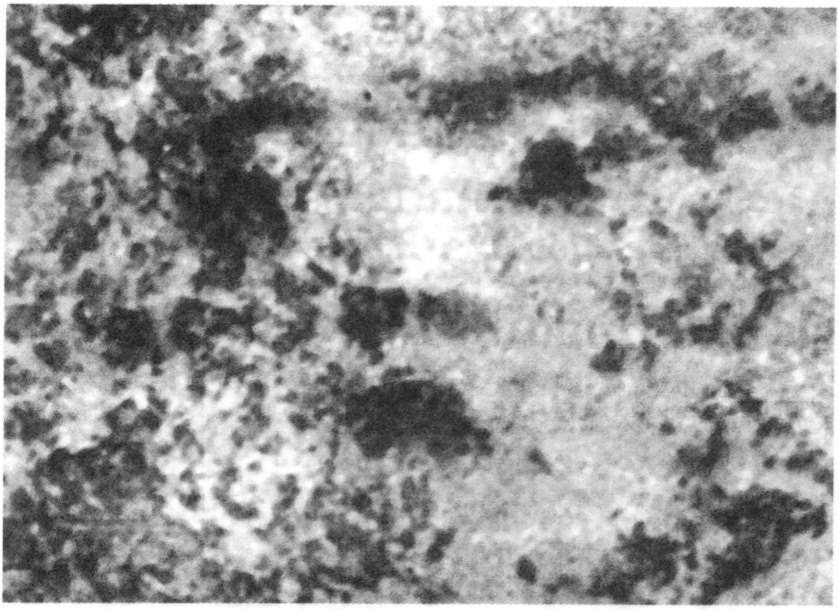

Febrero de 1972 supone el cenit del misterio. Día a día los periódicos e incluso las televisiones nacionales y extranjeras informarán del suceso. Nadie vislumbra fraude. Un grupo de caras de niños como esta son captadas por los flases de los reporteros que pernoctan en la casa número cinco. A las pocas horas volverán a desaparecer, engullidas por el cemento. Como si solo hubiesen sido un mal sueño.

A mediados de febrero, el equipo de «Pueblo Investiga», descubre uno de los rostros más extraños: el del Rabino. «A mí me impactó muchísimo, se parecía a Valle-Inclán», *confesó el reportero Antonio Casado.*

Un grito

Los restos óseos tenían una explicación en el viejo cementerio que siempre estuvo allí. Las voces, no. No la tenían. Antonio Casado, el reportero del periódico que paso días y noches enteras, vio cómo su inicial escepticismo se volcaba hacia el lado de la incomprensión y el miedo la madrugada en la que comenzaron a grabarse horrorosos gritos de niños en la cinta magnetofónica.

—Era algo muy claro y muy fuerte. Gritos, gritos, sobre todo esos gritos que nunca podré olvidar. Gritos desgarrados, muerte..., niños llorando. Durante diez minutos se grabaron continuamente a un volumen muy alto en mi grabador. Eso lo viví yo. Y a eso nunca le he encontrado explicación. Gritos desgarradores como cuando le mutilan a alguien...

Una de esas noches, delante de dos periodistas, Rafael Alcalá y Pedro Sagrario, de los periódicos *Patria* de Granada y *Jaén*, se forma un rostro en tiempo récord. Avisan a voz en grito a Argumosa, quien extasiado asiste a la gestación de una atormentada cara que se une al mosaico de lo imposible. María Gómez no quiere saber nada.

—*¡Que habré hecho yo para mandarme Dios a mí esto!*

Los flases destellearon contra el suelo. La cara, poco a poco, volvió a ser una mancha oscura. Las formas se deformaron, el sentido se convirtió en un delirante sinsentido.

A los diez minutos, ya no había faz. Había sido como un mal sueño, como una brumosa pesadilla.

Argumosa, muy impactado, se sentó en el viejo sofá con los dedos masajeándose las sienes. En el mismo punto donde treinta años después la sensitiva Ana Castillo vería escenas terribles de una matanza.

Muy serio, mirando a los reporteros que, nerviosos, pasaban la palma de la mano por el área de cemento de la «aparición», sentenció:

—*Si el diablo tuviese rostro..., ese sería el suyo.*

Esa noche, según consta en todos los medios, se colocaron los aparatos casi dentro de la inesperada fosa repleta de huesos y trozos de arcilla excavada por los operarios del ayuntamiento. La negrura era mayor en contraste con la oscuridad en la que habían decidido hacer la experiencia. El catedrático José de Solas se sentía nervioso. Aquel silencio, vigilados por la mirada fría de las caras, parecía distinto, lleno de claves y mensajes.

A los nueve minutos de grabación se registró algo. Cada uno escuchó la voz con unos cascos. Todos quedaron sin habla. Una voz de mujer, perfectamente audible, se dirigía a ellos con amargor, con rabia. Una voz que daba pánico. Un eco que se colaba hasta el tuétano. Una maldición que gritaba:

—*¡Es que yo sigo enterrada!*

CAPÍTULO 8

Santuario

Lo de aquella pobre familia fue el mayor drama que allí se vivió. La tragedia más grande.

[Antonio García García, superviviente y huérfano del asedio al santuario de la Virgen de la Cabeza.]

—NO SABER *dónde están enterrados es una de mis mayores penas. Están en algún punto de las fosas comunes, pero no sé dónde. No quiero ir allí.*

Las palabras de Isabel Chamorro, la superviviente, no quieren abandonar nuestra cabeza. El desconocimiento de la ubicación de la familia muerta se nos antoja como una herida abierta todavía. Algo pendiente que aún quema.

A la derecha, una curva pronunciada muestra un cuadro que nos obliga a parar en seco. En lo alto del cerro Cabezo, como colgado del cielo encapotado de Sierra Morena, aparece el santuario. Allí sucedió todo. Y allí nos dirigimos con una mezcla de emociones difíciles de olvidar. Conecto el *mini-disc* al radiocasete del coche y unas palabras claras y firmes se unen a la comitiva. Es Antonio García, de setenta y cuatro años, superviviente del asedio y amigo de aquellas niñas. Él también quedó huérfano entre estos riscos silenciosos. Cada kilómetro rodamos más alto, a poca velocidad, con menos vegetación y más piedra rota como paisaje. Las confesiones grabadas de aquel hombre nos llegan cada vez más hondo. Son el recuerdo vivo de un tiempo negro:

—Yo fui allí con mis padres y un hermano mayor. Aquello fue terrible. ¡Mucha pena! Es difícil explicarlo... Cuando ya escaseaban los víveres y empezaron a bombardear fue tremendo. Imposible olvidar aquellos ruidos, aquellos gritos..., los cuerpos saltando hechos pedazos.

»Imagínese allí —continúa Antonio—, *sitiados, sin poder comunicar con nadie, carentes de medicamentos, de alimentación, de ropa... y todo eso acumulándose día tras día durante nueve meses. Mi padre falleció en el llamado cerro de la Cuarta, el último día del asedio. Estaba malherido y cuando entraron, con la euforia de la victoria, no respetaron ni a convalecientes ni a nadie..., los eliminaron allí mismo... El cerro se convirtió en un montón de cadáveres. Eso lo vi yo... y no sé con certeza dónde está mi padre.*

—¿Usted conoció a la familia Chamorro?

—Claro. Eran Miguel Chamorro, el guardia primero, e Isabel. Tenían siete hijas de muy diversas edades. Fue la familia más golpeada... Este es el mayor drama que se dio allí. La mayor tragedia, sin duda alguna, fue la de ellos. Recuerdo que cuando bajaban al sitio donde yo vivía, que era donde los nacionales nos daban los víveres, yo las conocía y hablaba con ellas. Allí éramos todos una verdadera familia.

—Eran siete niñas, eso debía hacerlas singulares...

—Sí, es verdad. Eran todo hijas... El padre, aquel buen hombre, hacía lo que hicimos todos. Intentar que los suyos no muriesen de hambre. El dos de febrero salió para buscar alimentos tras los bombardeos. Se abría «la rebusca» y nos lanzábamos todos para encontrar, con un poco de suerte, latas rotas de conserva, garbanzos o lo que fuera..., y yo les decía a ellas: «¿Encontrasteis algo?» o «¡Aquí hay comida!» Y así, todos los días, intentábamos sobrevivir a ese infierno.

—Buscaban hasta hierbas cuando de lo otro no había...

—Claro. Lo que fuera había que llevarse al estómago. Participábamos juntos buscando hierbas, cardillos, cosas comestibles..., y recuerdo que aquel hombre comió unas raíces pensando que eran buenas. Pensaban los pobres que eran rábanos..., pero no. Era veneno.

—¿Y vio la agonía de aquel hombre?

—Sí, y eso nunca se me olvidará..., lo cogieron en una camilla allí mismo, en el monte, descompuesto. Eso lo vi yo con mis ojos y no se me borrará jamás de la memoria mientras viva. Era una cara de dolor... Una de las hijas que comió un poco menos y pudo llegar andando al botiquín.., pero aquello fue un drama. La cicuta les hizo efecto y entre sudores y delirios terribles murieron muy rápidamente.

—¿Y el resto de la familia?

—Me acuerdo que ya todos buscábamos refugio a la desesperada... En abril, que fue ya lo peor con las subidas de los tanques, quedaron todas las casas hundidas. Junto a una tapia de la antigua cofradía de Colomera estaban allí la madre con las cinco chiquillas restantes. Estaban ahí todos abrazaícos... El obús de cañón le pegó de lleno a la madre... la destrozó. La más pequeña quedó con vida..., y yo creí que había muerto también..., pero no, sobrevivió. Se salvó, se llama Isabel Chamorro y vive en Bélmez de la Moraleda.

—Antonio, ¿vio el programa de la televisión de Canal Sur? Usted que conoció a aquellas personas, ¿cree que pueden ser ellas las caras de Bélmez?

—Sí. Hay que admitir que el parecido es sorprendente.

En la cripta

Las campanadas nos reciben en lo alto del cerro. Suenan con un eco puro, tan limpio como el aire que rodea todo el entorno. El cielo parece que de un momento a otro va a descargar lluvia, y desde aquí, a vista de pájaro, permite mirar contornos a decenas de kilómetros. Es una atalaya que todo lo domina. Por eso quizá eligieron este emplazamiento privilegiado los asediados.

Mirando ladera abajo intentamos escuchar la tragedia, los alaridos, los llantos, la sangre. El caos inimaginable que se produjo en estas piedras y que ya casi todos han olvidado.

Solo queda el silencio. Un silencio que da la impresión de seguir aullando de lo hondo e impenetrable.

Como fantasmas, nos reciben los trajes de novia colgados de la cripta, con el aire que se filtra por los huecos de los cañonazos zarandeando sus galas. Aquí murieron 79 personas en un solo día.

Inscripción en la entrada a la cripta en el lugar exacto en el que cayó el capitán Cortés.

Julio Urrutia, autor del estudio *El cerro de los héroes,* amplió la lista de caídos en este recinto a 206 —las oficiales indicaban 154— ante la existencia de varias decenas de desaparecidos que jamás regresaron de estas peñas. Nombres perdidos para siempre en algún lugar de estos contornos. Identidades que no volvieron de este infierno, ni vivos ni muertos.

Doscientos seis...

Antes de llegar a la cripta, girando a la izquierda, hay un túnel de unos treinta metros, en cuyo techo oscuro como la muerte aún hay boquetes. Cicatrices del pasado. Heridas de los cañonazos que nadie se ha atrevido a cerrar. La visión que recibimos es de nuevo como un puñetazo a los sentidos. Un traje de novia revolotea entre la negrura, espectral, sin cabeza, sin brazos, ululando con sus velos blancos al final del pasadizo. Por un momento, creemos ver un fantasma. Tras él, otros muchos de comunión, de niños recién nacidos. Trajes y ropas que pertenecieron a alguien. Muestras de peregrinación y devoción. Y también de dolor. La cara de una chica sobre la palabra «Desaparecida» nos saluda con tibia sonrisa, detenida en el tiempo desde un marco de cristal que alguien dejó allí algún día.

Es uno de los lugares donde peor nos sentimos.

Caminamos hasta el final, donde cuelgan las blancas galas, y observamos velas rojas encendidas en el suelo, iluminando las cuatro esquinas. Desde arriba entran zarpazos de aire frío por los huecos de los bombardeos. Y la atmósfera se ve ya de un azul totalmente opaco y oscuro. El silencio, de nuevo, que retumba de un modo distinto en este lugar donde se produjo la mayor matanza. Esto fue un charco de sangre inmenso en el que se removían mujeres, niños y ancianos. Una masa informe y viscosa de dolor en su más pura esencia. Un grito prolongado de 79 muertos que en un mismo día fueron masacrados en este angustioso y asfixiante lugar.

Al salir, en una piedra de la puerta, una inscripción:

AQUÍ CAYÓ MORTALMENTE HERIDO
EL HEROICO CAPITÁN CORTÉS
EL 1° DE MAYO DE 1937
CUANDO FUSIL EN MANO
DEFENDÍA EL SANTUARIO

ABC *informó así del último día de la resistencia del santuario de la Virgen de la Cabeza.*

Esas letras abandonadas nos recuerdan el momento del fin del asedio. Un momento dramático en el que las propias tropas republicanas, según recoge la historia, quedaron impresionadas ante la situación dramática de los allí refugiados durante nueve meses.

El gran poeta alicantino Miguel Hernández era uno de los soldados sitiadores. Y en uno de sus viejos cuadernos dejó la viva impresión de aquella jornada:

> *La artillería intensificó su fuego contra el reducto de la Cabeza; los tanques, también. Sobre uno de los muros rotos del santuario aparecieron dos figuras con una bandera blanca y otra roja. Suspendimos el fuego. La rendición se consumaba. Los soldados no podían contenerse en las trincheras. Saltaron de ellas muchos, y los guardias que quedaban rebeldes hicieron varias bajas. Del santuario comenzaron a brotar mujeres y niños. Unos ciento cincuenta guardias civiles vinieron hacia nosotros con los brazos en alto. Un soldado se encontró con un hermano suyo, guardia civil, y se abrazaron llorando. Pude comprobar en aquellos momentos la grandeza del corazón popular: ni un insulto ni una ofensa salió de la boca de los soldados, que ayudaban a curar a los heridos, y sentaban los niños sobre sus hombros. Muchos de ellos se conocían, y se estrechaban la mano con emoción.*
>
> *Un puñado de hombres famélicos aún se agarraba a las armas ya sin municiones. Y entre los peñascos y columnas de este lugar, apare-*

El célebre poeta Miguel Hernández participó como miliciano en el asedio y ataque al santuario de la Virgen de la Cabeza. Para él, Cortés fue el culpable de la matanza y escribió en su cuaderno de notas: «La rendición se consumaba. Los soldados no podían contenerse en las trincheras. Saltaron de ellas muchos, y los guardias que quedaban rebeldes hicieron varias bajas. Del santuario comenzaron a brotar mujeres y niños...»

cían mujeres y niños mutilados. Una realidad espantosa que horrorizó a los propios conquistadores del enclave.

El cuerpo del capitán Cortés —héroe excepcional y valeroso, para unos; y villano motivador de aquella matanza colectiva, para otros— fue llevado aún con un latido de vida hasta el hospital de sangre instalado en una de las curvas de la carretera de descenso hacia Andújar. Allí pereció a causa de las profundas heridas tras ser atendido por enfermeros del Frente Popular. Gracias a la cortesía del ingeniero informático y gran investigador murciano Joaquín Abenza hemos podido acceder a la terrible visión que Miguel Hernández tenía del capitán Cortés y que dejó plasmada en uno de sus últimos escritos:

En mis manos he tenido una fotografía que le han hecho momentos antes de su muerte. Su cráneo, aglobado, y sus rasgos, curvos hacia dentro, lo delatan como un hombre feroz, rapaz, mezquino. Él ha sido culpable de que una preciosa cantidad de juventud haya caído inútilmente. Por él gimen en el hospital de Andújar muchos hombres de los que mandaba, y en varias poblaciones, muchas mujeres viudas y enfermas.

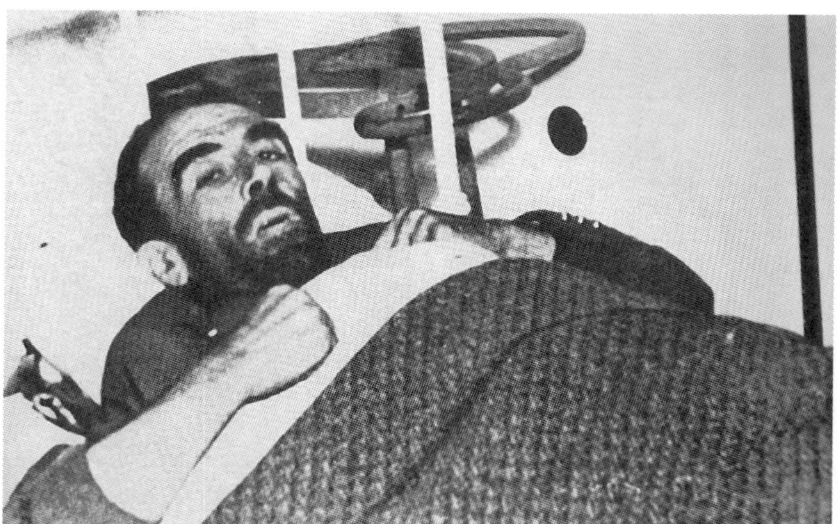

Cortés, herido de muerte y agonizando en el hospital de sangre situado en la subida al santuario. Su cuerpo, según el informe del forense Pedro Sánchez García, quedó incorrupto dentro de su fosa.

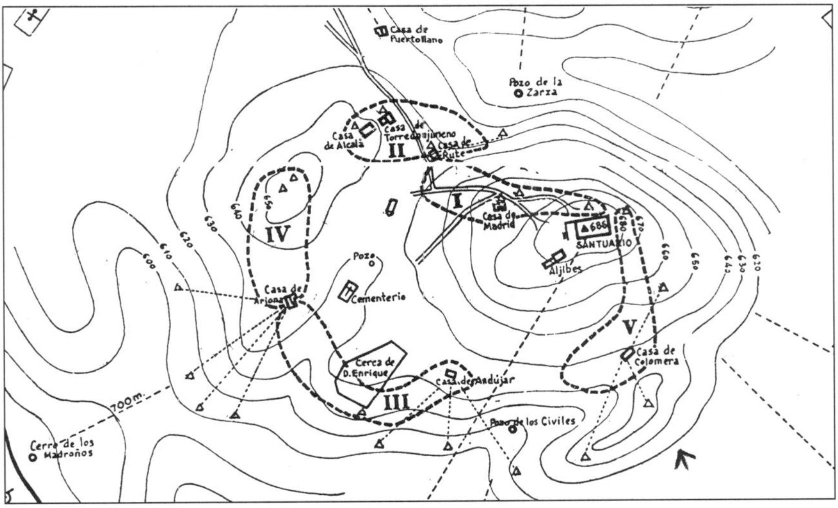

Plano de situación del Santuario. La flecha indica la ubicación de la Casa Colomera.

No mucho tiempo después de escribirse estas líneas, terminada la contienda civil en Andalucía, le fue encargada al forense Pedro Sánchez García la tarea de la exhumación del cadáver para ser trasladado a la gran cripta que se había practicado dentro del santuario. La ayuda de Queipo de Llano y sus hombres nunca llegó a tiempo para liberar el santuario. Ya sin artillería, ni sangre corriendo monte abajo, se abrió el primitivo ataúd donde reposaban los restos del guardia civil. Y la sorpresa y una sensación de inquietud se apoderaron del doctor; el cuerpo estaba incorrupto, sin síntomas de que el tiempo hubiese pasado por él.

El informe de puño y letra de Sánchez García dice así:

> *Más de venticinco cadáveres hubimos de exhumar y todos se hallaban en tal estado de putrefacción que temíamos encontrarnos con una masa informe o suelta y descarnada por los feroces trabajadores de la muerte; nos hallamos, por el contrario, con un cuerpo entero, rígido, con actitud de entereza militar.*

El enigma de la conservación del cuerpo de Cortés, sin embargo, quedaría ensombrecido por otro que caló aún más hondo en ambos bandos. La primitiva imagen de la Virgen de la Cabeza, estatua misteriosa, negra y tallada en lo profundo del románico, había desaparecido sin dejar ni rastro.

Decenas de niños salieron de cuevas y rocas ante los asombrados milicianos republicanos, consternados con el estado famélico de la tropa resistente. Todos habían quedado huérfanos.

Tras hablar con los padres trinitarios, los religiosos que residen en el lugar, nos llevamos la sensación diáfana de la necesidad de olvido. En el pequeño museo que nos es abierto con amabilidad observamos solo unos trozos de mortero en una esquina y un par de fotografías borrosas. Nada más.

Tenemos la certeza de pisar un terreno *cursío* de muertos —como Bélmez— y preñado de un dolor no tan lejano. La suspicacia, las frases a medias, el «eso es mejor dejarlo» nos demuestra que, a pesar del tiempo transcurrido, la tragedia sigue candente en el interior de muchas personas.

Algunos hablan de la destrucción de la imagen por parte de los invasores —a pesar de que el batallón de Jaén tenía órdenes claras de conservar la talla de la Virgen— y otros aseguran que Cortés y los suyos la escondieron en algún punto concreto para que el enemigo jamás la tuviese entre sus manos.

Sea como fuere, ambas teorías no pueden ser demostradas hasta que no aparezca el objeto de tanto desvelo. Extraña a los expertos que, de haberse procedido a su ocultamiento, no se diesen claves para el posterior hallazgo de una reliquia tan venerada. Lo

A lo largo de la investigación hemos podido entrevistar y recordar a la Familia Chamorro en la voz de aquellos con quienes convivieron nueve largos meses. Francisca Cervera González, de Málaga, o Antonio García García, de Linares, abrieron la espita de la memoria para nosotros y nos dieron detalles impresionantes de aquellas muertes. Ellos también estuvieron a punto de dejar la vida entre aquellos riscos.

cierto es que jamás apareció, siendo sustituida por una copia moderna que se idolatra en las populosas romerías que hasta este lugar se realizan a finales de abril.

Una romería —la más antigua de España— que, nos da la impresión, es el único momento en el que la gente, mezclando fe y vino, recuerda este lugar sin saber o sin querer saber lo que aquí ocurrió.

Un dato histórico viene a añadir más misterio a la desaparición de la Virgen. Nos lo recuerdan las afinadas palabras del historiador Enrique Martínez Gómez, miembro de la Real Academia de la Historia, con quien hemos hablado largo y tendido al respecto y que nos remitía a un escrito de otro experto de la historia jiennense, Torres Laguna, que decía así:

> *Ha llegado hasta nosotros una versión que consideramos verosímil y hasta fidedigna de Francisco Porras, hombre de bien a carta cabal, persona de integridad moral y bien conocido en Andújar. En la tarde del 29 de abril de 1937, después de finalizar lo más recio del ataque que acabó a las últimas horas del día, el capitán Cortés concibió la idea de ocultar la imagen, ante la gravedad extrema de la situación. Llegó a invitar a algunas personas que se encontraban en el recinto del santuario a despedirse de la Virgen, sin manifestar su propósito de esconderla. Uno de esos invitados era Porras, que, en efecto, se despidió y vio cómo quedaba en la alacena. En la madrugada del siguiente día,*

El paradero de la primitiva talla de la Virgen de la Cabeza continúa siendo un enigma. Unos aseguran que fue escondida entre los muertos. La única pista concreta la hace desaparecer en la Casa de Colomera, el lugar donde se produce la matanza de las Chamorro.

Envuelta entre sombras, con la noche ya sobre nosotros y en mitad del monte, aparecen los cimientos de la Casa Colomera. Aquí murieron abrazadas las integrantes de la familia Chamorro. Aquí parece que desapareció la talla de la virgen.

Porras vio cómo antes del amanecer Cortés salía del santuario acompañado de un guardia civil que era portador de un bulto envuelto en una manta. Ambos se dirigieron a la ladera sudeste del cerro, hacia la casa antigua de la cofradía de Colomera, y desaparecieron por las escarpaduras situadas más abajo. Cierto tiempo después volvió a ver al capitán y a su acompañante sin el bulto del que era portador...

La Casa de Colomera y no otro lugar.

Justo allí, con los cuerpos aún calientes de la familia Chamorro, se perdían todas las pistas.

Tumbas sin nombre

Carmen Porter lo vuelve a repetir: «Parece que alguien nos observa». La imaginación se dispara y damos gracias a la pequeña linterna que a última hora se nos ha ocurrido sumar al parco equipaje. La noche ha caído sobre esta sierra de peñascos y linces. Y por ella, saltando trochas y buscando casi a tientas, avanzamos poco a poco. Las baldosas del santuario han dado paso a la tierra fresca, y esta a las rocas puntiagudas como única senda. Escalando, más que otra cosa, llegamos a lo alto de un montículo. Un monolito nos cierra el paso. Unas letras olvidadas que leemos pasando el foco de luz por la loseta grabada. Unas palabras que van cobrando sentido y que, para qué negarlo, nos estremecen:

Parapetados tras estas peñas, cinco niños de doce a catorce años de edad, hijos de los defensores, contuvieron durante varias horas a las fuerzas que el día 1 de mayo de 1937 asaltaron el santuario por este sector.

Es un lugar por donde nadie pasa ya. Y llegan a la mente imágenes, como borrosas, de lo que tuvo que vivirse aquí. Al fondo, en una pequeña explanada, una casa siniestra, sin techos, con los matojos creciendo por dentro y apoderándose de todo. Aquí murió la familia. Aquí se encontraban Isabel Gómez Cámara, Amparo, Ana, Isabel, Remedios y Paquita, aterradas y unidas como en una piña. Y aquí estamos nosotros, sintiendo algo muy fuerte y

En plena oscuridad encontramos una inscripción. Dice así:
PARAPETADOS TRAS ESTAS PEÑAS, CINCO NIÑOS DE DOCE A CATORCE AÑOS DE EDAD, HIJOS DE LOS DEFENSORES, CONTUVIERON DURANTE VARIAS HORAS A LAS FUERZAS QUE EL DÍA 1 DE MAYO DE 1937 ASALTARON EL SANTUARIO POR ESTE SECTOR. (Foto: Carmen Porter.)

profundo. Una sensación de malestar, de mareo, que nos invade. Por el hueco del ventanuco —quizá el mismo por donde agarraron milagrosamente a Amparo— se ve el santuario a lo lejos, con algunas ventanas iluminadas como faroles en mitad de esta noche translúcida.

Tocamos las piedras, el suelo, todo transpira tragedia y abandono. Aquí mismo estaban ellas, y la imaginamos con esas caras de miedo. Las caras desencajadas que presagian muerte, con una expresión tan angustiosa que es imposible imaginar.

Dejamos las grabadoras analógicas y digitales y salimos al exterior. Es un lugar en el que se está molesto, donde se siente la necesidad constante de mirar hacia atrás. Donde se pide en silencio que no se agote la única pila de la pequeña linterna.

Cuatrocientos metros más abajo, retomando el camino que sale del santuario, llegamos a otro lugar apartado. Nuestras voces

Iker Jiménez y Luis Mariano grabando en el interior de la Casa Colomera.
(Foto: Carmen Porter.)

Al caer la tarde llegamos por vez primera al cementerio de las tumbas sin nombre.

hacen eco en la nada, como frases sueltas que se pierden viento arriba, y nos topamos con un recinto que parece ha quedado fuera de esporádicas devociones y manifestaciones de alegría. Como en una burbuja atemporal aparece ante nosotros el cementerio de las tumbas sin nombre. Aquí todo sigue igual, como si las manecillas del reloj no hubiesen avanzado desde entonces.

Con la misma fuerza de una coz en mitad del pecho, nos impulsa hacia atrás la impresión al ver las cruces que se nos aparecen profundas, emergiendo de cada sepulcro blanco. Sin más datos, sin más señas, sin más recuerdo. La imagen de las hileras de nichos alargándose hasta el fondo del camposanto, entre sombras, nos atrapa sin decir nada mirando al frente, durante minutos eternos. Somos conscientes de que hemos llegado a una estación de parada y final de trayecto.

Saltamos al interior y vamos repasando con la mano los nombres que en letras de molde descienden desde las palabras «Cuadro de mártires». Rápidamente encontramos al guardia primero Miguel Chamorro Sánchez, su filiación inscrita junto a la de otros muchos compañeros que ya son solo historia. La pared inmensa

Debajo de cada uno de estos sepulcros yacen decenas de personas. Siete de ellas quizá guarden los sombríos secretos de las Caras de Bélmez.

En las paredes se grabaron los nombres de los muertos. En el apartado de mujeres, tras la identidad de Isabel Gómez Cámara, la hermana de María, aparecen, como un rosario de tragedia, los nombres de aquellas mujeres... Fue la familia más duramente golpeada.

de granito está llena de ellos. Repleta de unas muertes trágicas y primitivas que nosotros hemos revivido en busca de un misterio.

Un poco más abajo, ya casi tocando el suelo de tierra oscura, bajo el epígrafe «Mujeres», una lista nos hiela el corazón cuando la vamos deletreando ante el micro:

—*Isabel Gómez Cámara.*
—*Juana Chamorro Gómez.*
—*Ana Chamorro Gómez.*
—*Carmen Chamorro Gómez.*
—*Remedios Chamorro Gómez.*

En cuclillas, iluminamos las identidades de toda la familia. Aquí están. Nadie sabe a ciencia cierta el punto exacto, pero aquí están. Los documentos afirman que fueron enterradas en un solo hueco, abrazadas...

A unos diez metros, otro sencillo epígrafe guarda una historia truncada:

—*Niños: Francisca Chamorro Gómez.*

El nombre de Francisca Chamorro —cuatro años— encabeza el macabro listado de niños enterrados en algún punto del cementerio.

Y recordando los ojos de la fotografía de la niña, los inolvidables ojos que parecen perseguirnos hasta en sueños durante toda la investigación, escuchamos en silencio el rodar de las grabadoras, como esperando una respuesta, y miramos hacia arriba buscando la noche estrellada.

Nuestro barruntar vuela hacia escenas sin sonido, fotogramas imaginados de muerte, de fiebres, de cuerpos fragmentados. Y también hacia esas caras sombrías que como las pinturas negras de Goya se asoman en una casa ante la incomprensión del mundo. Como si en todo hubiese una conexión que se pare y se gesta aquí. En esta sangría de guerra oculta por paletadas de tierra.

Nos es imposible, con todo lo que llevamos a la espalda después de dos meses de tensión y búsqueda, no ver a *La Pava*, con esa expresión monstruosa, esa sonrisa malévola que ha ido tornándose aún más macabra con el paso de tres décadas.

Con esa especie de lengua que se ha transformado en un vómito, en la expulsión de un líquido.

Quizás en un veneno de muerte.

CAPÍTULO 9

El examen policial

Hay una simetría perfecta en esa cara. Lo que definimos como "volumen armónico". Es un óvalo pequeño, la distancia del arco ciliar al punto medio del puente nasal y a la barbilla nos demuestra que es una cara que en el argot decimos "cara de muñeca".

[Salvador Ortega Mallén, fundador de la Policía Científica española, ex director del grupo de Homicidios de Sevilla y Barcelona; diplomado en psiquiatría forense y autoridad mundial en *psicokillers*.]

—¡ESA ES UNA CARA *de horror!*

Se remanga la camisa y nos enseña el antebrazo.

—Os juro que se me está poniendo el pelo de punta. Sí, es una cara de horror, de miedo, no os hablo de susto, sino de pánico... Está viviendo algo que sus ojos no quieren ver. Esa expresión de la boca..., famélica. Hay signos de deshidratación. Esos ojos hundidos, profundos..., la clave es el óvalo de la cara. Distancia de labio a barbilla, tabique nasal, distancia de ojos a nariz, de labio a fosa nasal, prominencia de estas. Eso es lo que te permite trazar paralelismos. Es muy posible que se correspondiera con el estado que podía tener después de doscientos cincuenta y seis días de asedio.

Salvador Ortega Mallén, fundador de la Policía Científica española, auténtica autoridad mundial en la investigación de *psicokillers,* hombre que ha atrapado a los asesinos en serie más importantes de España y que innovó las técnicas de comparativa fotográfica y robotización, está muy impactado. Y eso significa mucho en un hombre que ha diseñado, comparado y analizado miles de retratos robot a lo largo de su vida.

No hay dudas: las fotografías de la familia Chamorro y de algunas de las más longevas caras de Bélmez generan paralelismos fuera de lo común.

—*Esto es verdaderamente impresionante* —dice, antes de remover los hielos de su vaso de Coca-Cola.

En la pantalla del portátil parpadea ahora una comparativa de imagen de Paquita, muerta en la Casa de Colomera a los cuatro años de edad, y el rostro surgido hacia 1976 conocido como *El Hijo*. La redondez de su cara, la distancia de los ojos, la abertura

Salvador Ortega Mallén, el que fuera fundador de la Policía Científica española y jefe de Homicidios de Sevilla Y Barcelona, examina cuidadosamente las comparativas con técnica de retrato robot de la cara de Francisca Chamorro y la de una teleplastia conocida como El Niño.

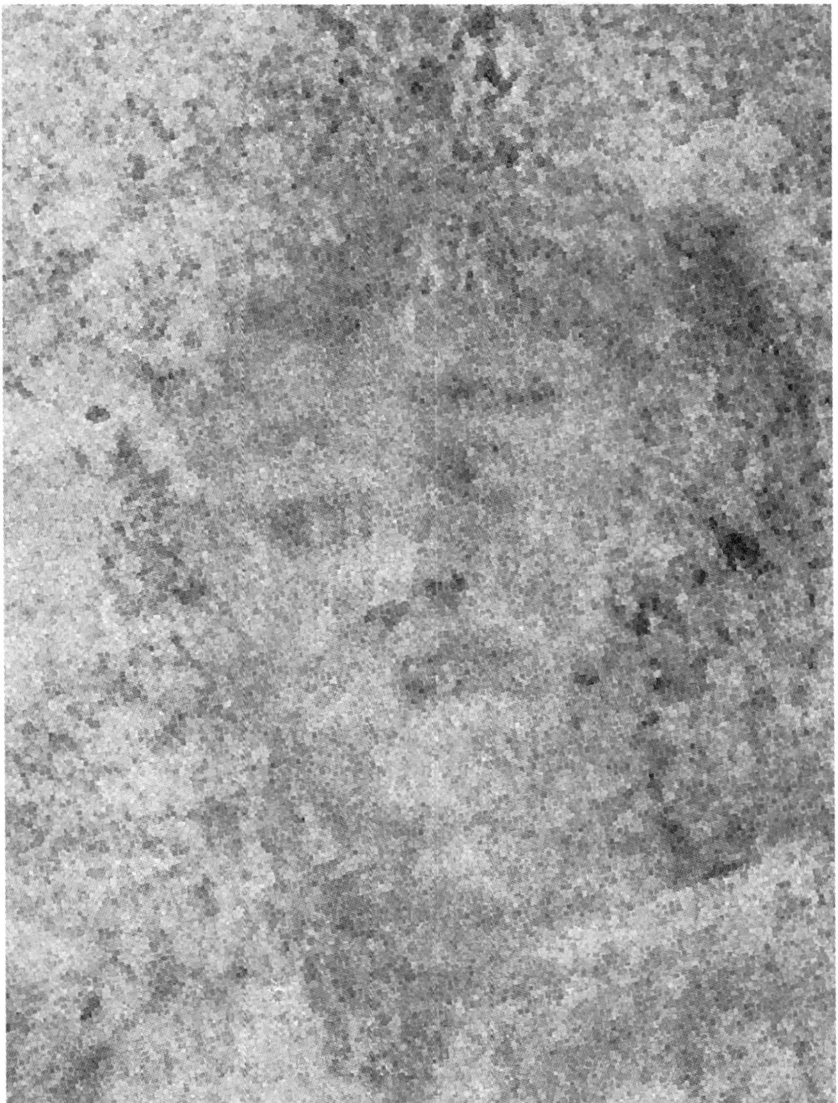

«Son imágenes de horror, de pánico, de una tragedia inminente que les llega y contra la que nada pueden hacer...», *asegura el fundador de la Policía Científica española.*

bucal y la expresividad general transmiten un efecto sorprendente.

—*Son caras de angustia* —asegura de nuevo el que fuera jefe de Homicidios de Barcelona y Sevilla—, *efigies de un desasosiego máximo. Reflejan una tragedia que está por venir y que es inevitable.*

Repentinamente, hace un chasqueo con la boca...

—*Vaya, es una pena que no se vean las orejas. Por principio, compruebo en este tipo de comparativas la comisura de labios, cejas, orejas, distancia frontal y fosas nasales. Pero las orejas son claves. Nos dan una gran cantidad de información completamente individualizada...*

Con el «efecto lupa» del programa informático acerca la imagen de la teleplastia que fue bautizada a mediados de los setenta como *El Hijo* y que nos parece el vivo retrato de Francisca Chamorro. Le escuchamos en total silencio...

—*Es una niña pequeña. De eso no hay duda. Hay un problema de chateo que ocurre muy a menudo cuando todavía no esta configurado el tabique nasal. Sobre todo pasa en niñas. Es curioso que venga reflejado aquí. Esta imagen surgida en el cemento corresponde perfectamente a una edad de cuatro años.*

Nos sobrecogemos. Salvador no conoce que esa es la edad exacta de Paquita...

—*Me da la impresión* —prosigue, tras rotar la imagen varias veces en ambos sentidos— *de que esa cara ha perdido consistencia. Hay zonas de volumen, sombras de ojos, pómulos y perfil de la nariz que son correctas. Pero seguro que antes estuvo marcada con más nitidez, con más fuerza. Parece que está en el final de su proceso...*

Tampoco se equivoca nuestro buen amigo. El vigor de casi todas las caras se ha ido mitigando aceleradamente en los últimos tiempos. Para no pocos investigadores y teóricos del asunto significa que pronto ocurrirá un desenlace definitivo en la historia: la muerte de María.

—*Hay una simetría perfecta en esa cara* —sentencia Ortega—. *Es lo que definimos como «volumen armónico». En la cara puede que ten-*

ga el pelo más despeinado, a diferencia de la foto, que debió realizarse en estudio. Eran fotos caras que incluso se retocaban..., quizá por eso la teleplastia se acerque con más fidelidad a la situación exacta que se vivía tras el asedio. Desde luego sería completa Esa cara es perfecta. Es un óvalo pequeño, la distancia del arco ciliar al punto medio del puente nasal y a la barbilla nos demuestra que es una cara que en el argot decimos «cara de muñeca».

—¿Esto podría ser un recuerdo de alguien que no vio las fotos desde niña?

—Dependerá de su memoria. Si vive sola durante mucho tiempo, entonces esta mujer se ha quedado con el recuerdo de sus caras. Con una idea imprecisa que retiene los rasgos característicos. Si tiene en la memoria a su familia, cómo murieron..., la asociación es perfecta. Lo extraño es cómo no lo ha comentado antes. Esto parece una proyección de algo o de alguien. Es muy difícil de dibujar. ¿Tan fuerte puede ser una proyección cerebral para recordar la tragedia de lo que le pasó a su familia? Puede ser.

—¿Qué te inspira todo este dramatismo en la coincidencia? —le preguntamos, mientras el programa informático Confront de la Policía Científica va revelando la igualdad de las trazas y proporciones.

—Pues, sinceramente, pudo haber un tema de remordimientos. De no atender a las supervivientes..., o por pensamientos distintos. En la guerra ocurrieron cosas de este tipo. ¿El remordimiento es capaz de proyectar esto en la pared? ¡Quién lo sabe! Por cierto... —Ortega se queda mirando fijamente a la pantalla—, *¿hubo alguna enfermedad en el tiempo de aparición de los primeros rostros?*

—Sí —respondemos casi al unísono— y también tragos amargos a nivel biológico de esta mujer. Parece ser que aquel 23 de agosto María Gómez sufría unas fiebres de malta.

—Sería interesante una hipnosis —irrumpe el fundador de la policía científica—. *Su consciencia es de una importancia clave en esta historia...*

—Lo malo es que jamás se ha prestado a ningún experimento de este tipo. La hipnosis de Bru a la sensitiva Ana Castillo

El Pelao *es una de las caras más enigmáticas. En su superficie, muy cerca de pecho y brazos, surgieron unos dígitos —6, 7, 3 y 9—, que nadie logró descifrar.*

agarrándola a ella es lo más parecido que se ha realizado al respecto.

Repentinamente, a golpe de un clic, aparece entre nosotros la versión digital de una fusión que asusta solo con mirar. El programa informático ha fraccionado y reunido, como en un puzzle de perfecto encaje, la cara de Miguel Chamorro con *La Pava...*

—*Sí, sí... La nariz recta, sí. La barbilla, sin embargo, es un poco más prominente. Lo que ocurre* —nos dice Ortega señalando con su lápiz hasta que casi la mina toca el plasma del ordenador— *es que sin tricornio y en la época del santuario podríamos ajustarnos más. La fotografía es de joven, como quince años antes o más..., y sabemos que su edad en el santuario era ya de cuarenta y ocho años, con efigie redondeada por la edad y sin fijador en los bigotes.*

Reuniendo y modificando esos parámetros probablemente veríamos una conformación muy similar. Es decir, que ambas caras, a pesar de que vemos que encajan, se parecerían mucho más...

Una técnica reveladora

La superposición de retratos de la familia Chamorro y de las teleplastias que aún perviven en Bélmez de la Moraleda es otro golpe de efecto. Una impresión más en esta cadena de sobresaltos. Unas sobre otras componen un mismo cuadro de terror...

—*La superposición de imágenes* —dice Salvador— *es otra clave. Se hace y lo hicimos por primera vez en España con los huesos de un niño que se llamaba Jean Luc. El hijo de unos franceses que cogía caracoles cerca de La Junquera. Así empezó a trabajarse en España. Recuerdo perfectamente que los padres eran de Perpiñán. A los dos que empezábamos con el tema de la policía científica nos llegó el caso y tuvimos que actuar. Demostramos que no había muerte violenta, y encontramos el resto de los huesos a unos tres kilómetros y pico. E hicimos fotografías con el mismo focal, medida, distancia y encuadre para superponerlas a las del cráneo sobre el niño. Así se actúa...*

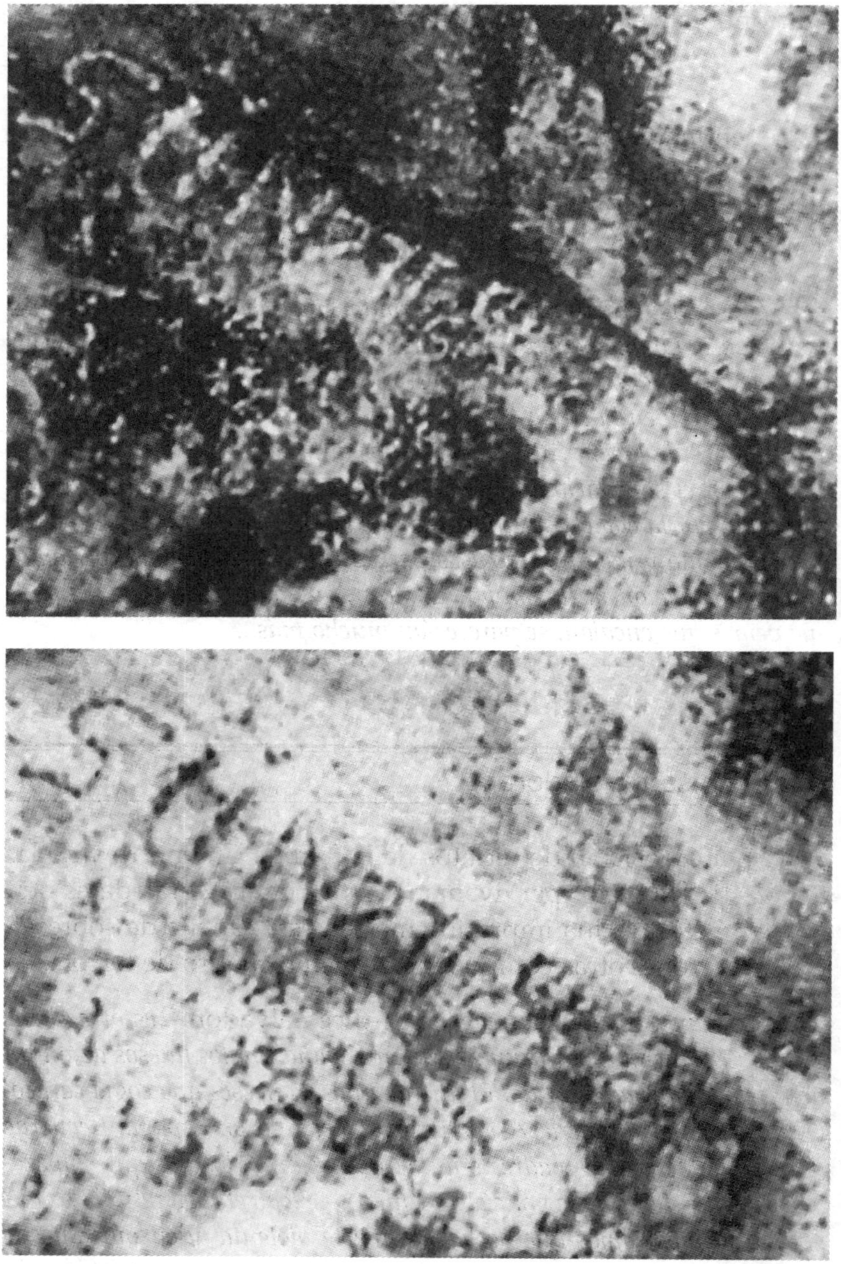

Salvador Ortega, pasando a negativo y ampliando el brazo de El Pelao,
toma nota cuidadosamente de algo que considera clave.
Se puede leer Sunzu *o* Santu...

Un experimento sobrecogedor. Las técnicas policiales permiten hacer una superposición exacta a nivel fisionómico entre las teleplastias y los retratos de la familia Chamorro. Realizamos el análisis sobre dos de las caras, las de Miguel Chamorro y La Pava *y Francisca Chamorro y* El Niño. *Este es el resultado.*

Observando las «fusiones» efectuadas tras el trabajo sin descanso de cuatro potentes ordenadores a tiempo completo, utilizando un *software* solo al alcance de los mejores equipos de investigación criminal y forense, nos quedamos sin habla durante unos minutos. Simplemente, pasando una a una, nos vamos envolviendo del mensaje que toda esa información tamizada y procesada por las máquinas parece querer decirnos.

—Se ha hecho la comparativa en base a porciones. Y tengo que confirmar que hay claros signos de equivalencia. Entre teleplastias y caras de esa familia. Sin duda.

¡Tienen mucha fuerza las expresiones!

Lo que sí es cierto es que hay mucho para escribir...

La imagen, conocida como *El Padre y el Hijo,* nos parece ahora un reflejo claro de los acontecimientos ocurridos en abril de 1937 en el Santuario, en el instante en que Isabel Gómez Cámara y sus cinco hijas se refugiaban en los aledaños de la Casa Colomera. Misma cantidad de figuras, presencia de seres fetales entre los brazos de la madre, rostros angustiados que miran hacia arriba en actitud de rezo...

Ortega describe lo que ve con la precisión de tantos y tantos informes redactados durante décadas:

—*Están protegiéndose, en un rincón, sin salida; hay un peligro profundo para ellas, se abrazan..., se protegen. Una, dos y tres... Son las tres que mueren en un rincón. El peligro que les acecha es profundo para ellas. Parece que la figura agarra a alguien, quizá un bebé... Esto, queridos amigos, es una historia muy negra que sigue viva en el pensamiento de esa mujer. Quizá pasaron más cosas, hechos que ni siquiera pueden revelarse después de la muerte: violaciones, tropelías de la guerra, cosas que para siempre se quedaron allí...*

Amante de la criptografía, nuestro experto repara en las extrañas siglas que a mediados de los setenta aparecieron en uno de los brazos de *El Pelao*. Convierte la imagen en negativo y nos indica dos letras que parecen estar ocultas a simple vista...

—*Sunzu, sunzu... También podría ser Santu. Eso es lo que yo, ampliando la imagen y pasándola a negativo, puedo ver. Vamos a resaltar más los contrastes...*

Suena la pulsación de la tecla unas cinco veces...

—*¿Veis? Hay varias letras que pueden variar. «Santu»..., quizá se refiera a santuario. Y estas pueden ser «h», «n» y «s»..., ¿hermanos?, ¿hermanas? Por cierto, ¿qué fue de esas niñas justo tras la toma del santuario? ¿Se sabe algo?*

En esos momentos solo podemos acudir a los puros datos históricos. En la obra anteriormente citada de Urrutia Echaniz se refleja esta frase:

> La familia estaba compuesta por padres, siete hijas y el novio, guardia también desaparecido, de una de las mayores. En total, diez personas. El día 1 de mayo de 1937 dos pobres huérfanas —Amparo e Isabel Chamorro Gómez— abandonan el santuario sin más cobijo que el del cielo ni más amparo que el de Dios. ¿Qué habrá sido de aquellas dos pobres niñas que fue-

ron protagonistas y supervivientes de una de las más espantosas tragedias de todo el asedio? Una de las últimas noticias que he podido alcanzar es la facilitada al capitán Rodríguez de Cueto por uno de sus hijos:

—Las vi —afirmaba el testigo— cuando llegamos desde el santuario al Viso del Marqués, provincia de Ciudad Real. Estaban sentadas y solas sobre unos bultos de ropa. Llorando.

Capítulo 10

Un informe revelador

Las coincidencias y paralelismos dan un nivel de concordancia de un 68,3 por 100 en modo forzado, lo cual nos indica algo más que el simple azar o el capricho del mismo en la formación del conjunto de Bélmez.

[Conclusión del informe de comparativa y robotización entre retratos de la familia Chamorro y las caras de Bélmez.]

RESUMIMOS AQUÍ el extenso informe realizado con métodos informáticos de comparativas de rostros y robotización empleado por las dotaciones de la policía científica británica. Entregado un juego de imágenes de las «caras de Bélmez» más longevas y significativas, así como de los retratos de la familia Chamorro, programas como *Confront GB, Faccette, Shoock* o *M/Gi* han ido revelándonos un sensacional mapa de conjeturas y posibilidades.

Los resultados de la computerización dejan poco lugar a la duda; las coincidencias entre la familia y los rasgos de las teleplastias sobrepasan ampliamente los márgenes de lo casual.

Gracias al esfuerzo titánico de los investigadores José Manuel García Bautista y Rafael Cabello Herrero, y a sus decenas de horas de trabajo ininterrumpido gestionando todo este experimento revolucionario en la parapsicología española, podemos hoy adelantar algunas conclusiones sencillamente sorprendentes.

Trazas y paralelismos, puntos comunes, robotización, superposición, fusión de morfologías... El llamado «análisis Bélmez» es un hito en la historia de la investigación del misterio.

Destacamos aquí, con términos legibles y sencillos, las partes clave de este proceso apasionante que demuestra la rotundidad de una historia que queda reflejada en los fríos resultados informáticos. Muy lejos de la subjetividad y las creencias.

Aquí están los datos y el desafío que representan.

INFORME

Se realizaron en esta investigación:

- Comparación de rostros por superposición (estudio de imagen).
- Robotización de retratos fotográficos de los familiares y comparación con las teleplastias (estudio de imagen).
- Obtención informática de puntos comunes en rostros de forma forzada (estudio de imagen).
- Confrontación de rasgos (estudio de imagen y texto).
- Análisis faciales y morfológicos (estudio de imagen y texto).
- Análisis de expresiones (estudio de imagen y texto).

ANÁLISIS EXPRESIVO DE LAS CARAS DE BÉLMEZ

Las caras de Bélmez parecen haber sido «dibujadas» por la misma persona, alguien quizá de entre ocho y catorce años de edad, y diestro. Curiosamente, la parte más expresiva del cuerpo humano, los ojos, los presenta mayores cuanto mayor es el sentimiento o las emociones mostradas, de ahí que en algunas «caras» llegadas hasta nuestros días los ojos presenten una manifiesta desproporción con respecto al resto de los rasgos faciales. En una clara representación a dos dimensiones, y con el solo esbozo de los rostros, presentan una clara proporcionalidad a la asimetría facial humana genérica que coincide con los rasgos faciales de sujetos estudiados en las confrontación facial realizada.

«Todas las caras parecen ser de un mismo autor, con la intención manifiesta de comunicar algo sin que sepamos descifrar la razón del mismo».

La imagen «Niña sola» (Francisca Chamorro) representa al menor de los «dibujos» comentados anteriormente. Se reafirman todas las conclusiones obtenidas anteriormente.

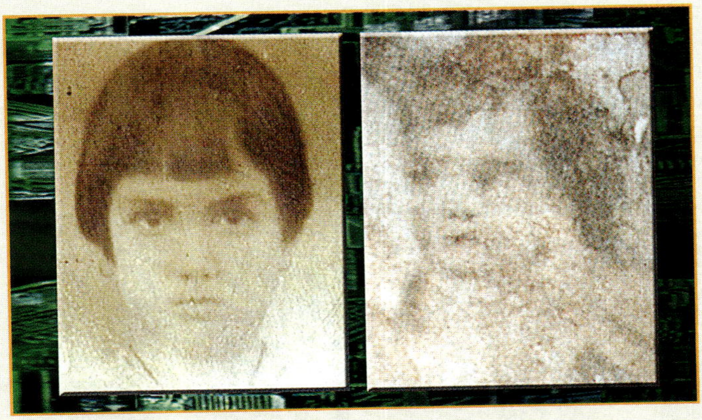

La imagen denominada como «Madre» (Isabel Gómez Cámara) nos muestra un rostro más completo que un simple esbozo de dibujo. En ella nos muestra una cara semiconcluida por un segundo sujeto, un observador. La persona representada demuestra una clara desproporción a la altura de los ojos, lo cual nos indica que el representado tenía un alto valor sentimental y una clara jerarquía. Demuestra serenidad y por la deformación de los globos oculares vuelca una indudable carga emocional —llanto, risa o extrema preocupación—. La boca, pequeña, afilada y prominente, nos informa de duda, desconfianza y seriedad, por lo que dota a la escena de la solitaria imagen de una clara connotación de preocupación.

La imagen clasificada como «Padre» (Miguel Chamorro) quizás es una de las que más correspondencias guarden con la imagen fotográfica relacionada. En ella, un sujeto observador y autor de la misma representa el rostro sereno y expresivo de un sujeto que por el tamaño dado a sus ojos nos indica un alto grado de jerarquía, relación y emocionalidad. Presenta serenidad y podríamos decir que se trata de un sujeto masculino por el tocado bigotudo con el que se le ha representado, de pómulos marcados y boca entreabierta que nos indican expresión, llamada de calma, relajación y tranquilidad. Es un rostro sereno, de espera.

La imagen «Comparativa Mujer 1» nos representa clara y evidentemente la representación de un sujeto femenino, a juzgar por la longitud de los cabellos y suavidad en las formas y líneas pictóricas representadas, que muestra sorpresa, temor, miedo, duda y desolación. Mirada perdida y temerosa, cejas estiradas y subidas, y boca «agachada», en clara muestra del momento de terror; la mano indica relajación, como si nos indicara lo inevitable. Miedo, abandono o resignación.

La imagen «Muchacha 2» (Carmen Chamorro) nos muestra la representación de alguien que mira con curiosidad o preocupación algo, como si fuera o estuviera presente en la vida de alguien o asistiera a un acontecimiento importante para él mismo o alguien de su entorno. La visión la presenta su autor con boca pequeña demostrando curiosidad; ojos pequeños, denostando una visión detenida del entorno u objeto sujeto de la atención de la figura representada; la cabeza ligeramente inclinada nos indica inequívocamente curiosidad, y por el de las cejas fruncidas, posiblemente preocupación.

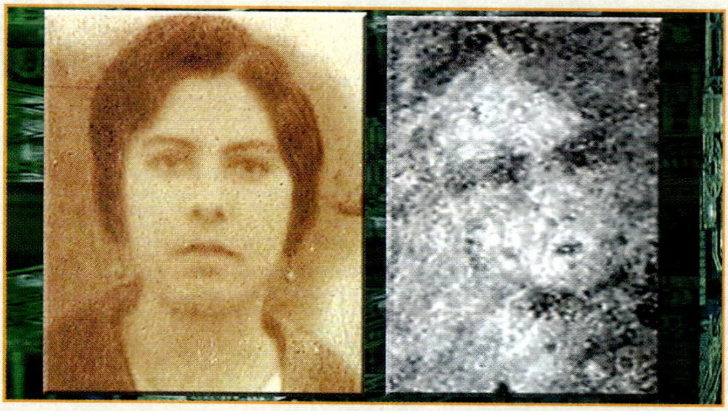

ESTUDIO DE LAS COMPARACIONES FACIALES Y MORFOLÓGICAS A LAS CARAS DE BÉLMEZ

La primera revisión sobre la cara de la «Madre»

En ella partimos de los rasgos que más se asemejan, intentamos hacer coincidir los máximos elementos faciales entre las dos imágenes y nos llevamos la primera sorpresa: la ceja derecha de la teleplastia parece estar interrumpida «casi de la misma forma» que el arco de la ceja en la propia fotografía; en esta se ve claramente que la interrupción está ocasionada por un rebote de luz (sobreexposición puntual o de zona) que hace casi desaparecer los vellos, confundiéndose con el fondo, tono y color de la propia frente.

La siguiente «coincidencia» la descubrimos en la nariz, donde se puede apreciar que dicho hueco nasal tiene una forma ovalada con semejanza en el parecido de la caída y enfrentamiento visual, incluso la sombra de la propia aleta nasal derecha presenta un mismo rasgo de sombras entre las dos fotos.

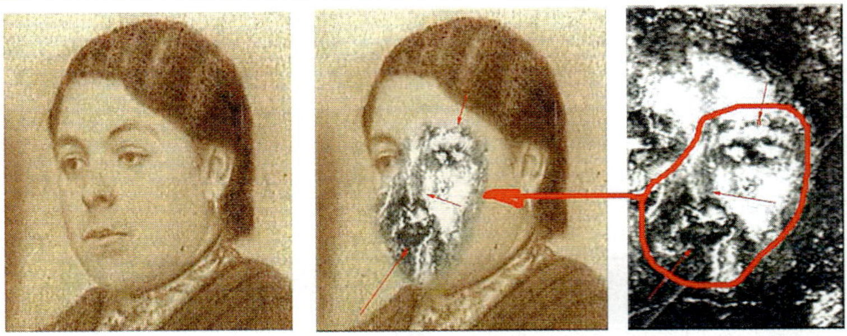

Aunque la boca no es exactamente igual, el perfilado de los labios, así como la comisura, presentan una inclinación mucho más acusada en la teleplastia que en la propia foto, y el labio superior en la zona del bigote (músculo orbicular superior del labio) se asemeja en el volumen carnoso que representa.

La segunda serie de fotos está relacionada con la revisión de la cara del «Padre»

De nuevo, en esta segunda intervención solo reconstruimos parte de la teleplastia para colocarla sobre el rostro de la foto del militar (guardia civil).

Lógicamente, al reproducir y contrastar descubrimos que había una inversión horizontal entre los elementos a revisar, por lo que decidimos voltear 180º E/O la teleplastia, además de eliminar la mitad de la zona facial derecha con rasgos poco relevantes, para tener en cuenta, asimismo, la cercanía de la cara al filo de la foto,

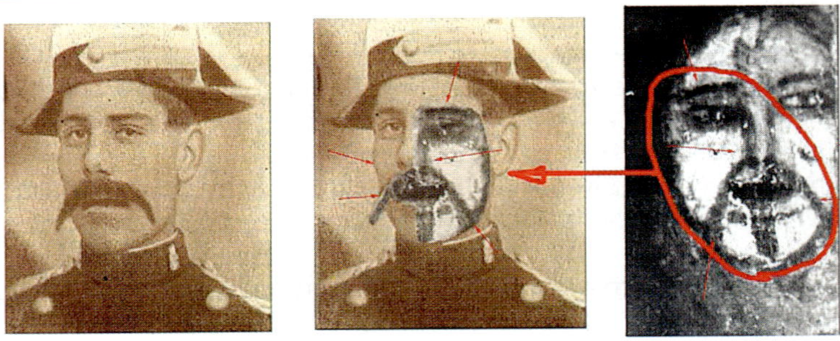

pero no dejaba mucha maniobrabilidad; no obstante, hay que destacar una similitud evidente en la forma del volumen del pómulo derecho de la teleplastia con el filo del pómulo izquierdo (músculo masetero) de la fotografía del militar.

Básicamente, nuestras referencias de coincidencias la hacemos en puntos dispares, a ser posible lo más retirados los unos de los otros para, de esta forma, intentar localizar puntos exactos que acondicionen el volumen de un elemento con respecto al otro.

La ceja derecha, el hueco ocular, el filo de sombra de la nariz, así como el propio bigote, tienen una asombrosa coincidencia, incluso el arco facial de la sombra lateral de la teleplastia coincide casi perfectamente al mismo arco de la barbilla y maxilar inferior derecho de la propia foto.

El bigote también presenta una similitud abrumadora, curiosamente; así como la revisión anterior es perfectamente coincidente en tamaño, arco de caída y forma, particularmente este elemento creemos que es el más relevante entre todas las fotos verificadas.

Lógicamente, existen diferencias, pero bajo nuestro propio punto de vista y criterio personal podemos decir que en estas primeras fotos el porcentaje de coincidencias es evidentemente superior.

La tercera serie de fotos la relacionamos con la revisión fotográfica de «Niña sola»

Tuvimos que deformar el plano desde esa tal tridimensionalidad hasta convertir ese fragmento de la teleplastia en bidimensional, atendiendo al propio alto y ancho de la foto de la niña; las consecuencias es que existía una pequeña deformación entre determinados puntos revisados.

Por este motivo, partimos de tres puntos concretos pero centrándonos particularmente en los orificios nasales de la foto y la te-

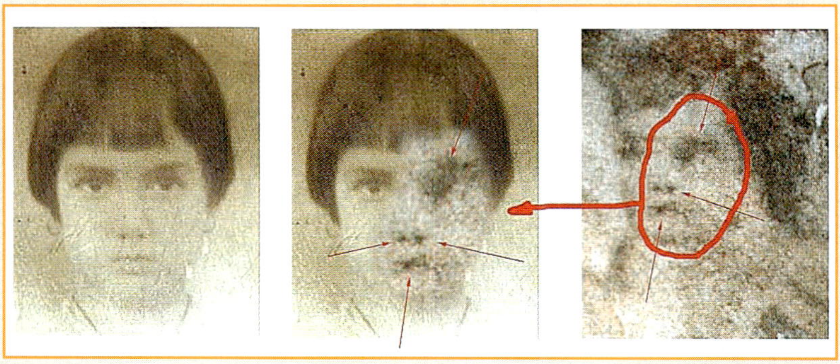

leplastia; a esta, se le cambió el ángulo facial sobre unos 12º hacia la izquierda hasta *cazarla* con la que íbamos a utilizar de base.

Mientras que la sombra de la boca era relativamente coincidente, la distancia entre el pómulo derecho alineado con la naricilla y el propio ojo derecho hubo que darle un poco de altura; no obstante, las características de la formación ocular en la teleplastia exponía una deformación inminente y solo daba una pequeña similitud en el arco de la ceja (unión entre los músculos orbicular del ojo y frontal); en el resto del ojo no hay ningún tipo de concordancia.

El flequillo de la niña estaba algo más acorde, pero tampoco es tan evidente como los resultados de las fotos anteriores en coincidencias, ya sea de volúmenes como de perspectivas.

En cambio, la última mención que pretendemos sobre el estudio de estas fotos está muy acertada para los rasgos nasales; existen unas coincidencias pasmosas en las aletas nasales por su volumen, así como por extensión, de la propia forma achatada y respingona de esta; las ventanas nasales están perfectamente alineadas e incluso las sombras que dan ese volumen a la incipiente anchura de los huesos propios, aun casi sin formar, se confunden con los senos de los pómulos (músculo elevador propio) coincidiendo en el tamaño y volumen entre ambos registros fotográficos.

La cuarta intervención (B) se hace sobre otra serie de fotos denominada «Muchacha»

En este caso, después de invertir una zona facial del lateral izquierdo de la teleplastia la utilizamos acoplándola en el lado facial derecho de la fotografía de la mujer; de nuevo aparecen algunas coincidencias «no muy exactas» como en casos anteriores, pero sí bastante curiosas.

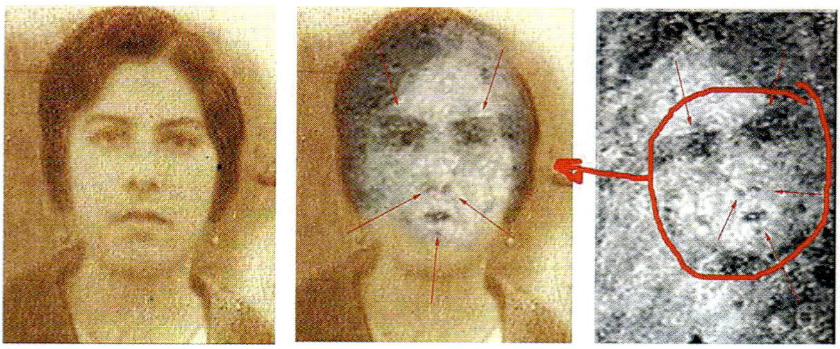

De la forma habitual, colocamos las fotos haciéndolas coincidir e intercalando la ceja y globo ocular de cada una de ellas (lógicamente, se tienen que recomponer las dimensiones de una de las imágenes, en este caso de la teleplastia); posteriormente, observamos que la sombra del pómulo derecho, aunque no es idéntica, es muy parecidas en su forma y volumen.

Las dimensiones oscuras de los huecos nasales entre la teleplastia y la foto son coincidentes e incluso parecen estar en línea con la sombra del pliegue lateral derecho formado por la nariz y la cara.

Y, por último, nos parece percibir que el brillo del labio inferior y las comisuras que forman la boca están muy proporcionadas volumétricamente, aunque no son idénticas.

La quinta verificación a la serie de fotografías se hace sobre la llamada «Muchacha 2»

Convenientemente recortada y ladeada unos 22º hacia la izquierda, tomamos la referencia de la teleplastia sobre la fotografía de esta mujer.

Como en anteriores superposiciones hemos tratado hacer coincidir los arcos de las cejas (filo muscular frontal en la intercepción con el orbicular de los párpados), invirtiendo horizontalmente la imagen de la teleplastia 180º; a su vez, esa pequeña inclinación lateral también ha sido corregida hasta conseguir la linealidad entre ambas cejas.

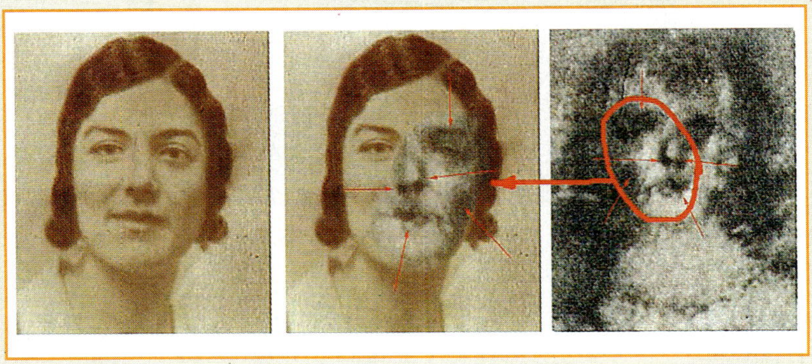

Curiosamente, los huecos de los párpados y sus respectivas sombras internas son muy parecidas, incluso adivinando sus pequeños pliegues, en cambio, la dirección y expresión en la mirada de la muchacha no coincide con la que presenta la teleplastia.

Los huecos o ventanas nasales presentan una deformación en las sombras, haciendo parecer distintas las prominencias en longitud y anchura (narices distintas).

Revisión realizada sobre la cara de la «Mujer 2» y la teleplastia denominada «Dama de la Copa»

En esta imagen comenzamos el análisis de confrontación morfológica partiendo de la dificultad que entraña establecer paralelismos y similitudes entre una fotografía frontal y el esbozo de la representación de un sujeto de perfil. Así pues, determinamos establecer un orden de análisis forzado resaltando los rasgos que más se asemejan y estableciendo los máximos elementos faciales coincidentes entre las dos imágenes. La cara a confrontar se trata de la «Mujer 2», famosa y efímera teleplastia denominada la «Dama de la Copa», cuyo perfil y silueta fue un auténtico reto para los investigadores. En la confrontación morfológica nos sorprendieron

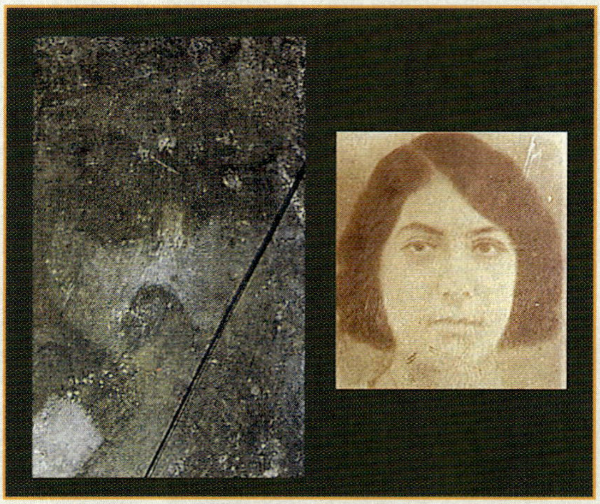

los resultados, ya que se estableció un paralelismo del 41,1 por 100 entre dichas imágenes (en modo forzado). Esto nos indica que entre ambas hay las suficientes similitudes como para afirmar que ambas están relacionadas o pertenecen a la misma rama de relación.

Los principales rasgos destacados en estas dos imágenes dan como resultado que uno de los elementos primeros relacionados se trata de la mandíbula de la joven. En un estudio detenido de la «Dama de la Copa» descubrimos informáticamente que esta ha sido «dibujada» de forma exagerada, queriendo destacar este rasgo anatómico en particular de esa persona. Sorprendentemente la confrontación muestra como resultado que la «Mujer 2» presenta un cuadro de mandíbula prominente.

Otro elemento destacado son las similitudes entre los apéndices nasales y los arcos oculares, estableciendo así un cuadro semicompleto de elementos coincidentes. La forma y espesura de la cejas, así como el tipo de orificio bucal de tipo enjuto y carnoso, también se perfilan como elementos similares de tipo secundario. A nivel de observación, la imagen nos muestra un último paralelismo en la longitudes de los cabellos y tipo de peinado.

En este caso, la computerización no permitió la realización de un retrato robot frontal de la imagen de la «Dama de la Copa» vía Facette, debido a los pocos datos que nos ofrece la efímera teleplastia.

A nivel expresivo nos muestra a una persona de sexo femenino que en la mano izquierda toma una copa o cáliz..., ¿nos indica ello su ubicación en una iglesia o lugar de oración?[1]

Prueba de confrontación informática a la búsqueda de puntos anatómicos coincidentes

1 Madre (Isabel Gómez)

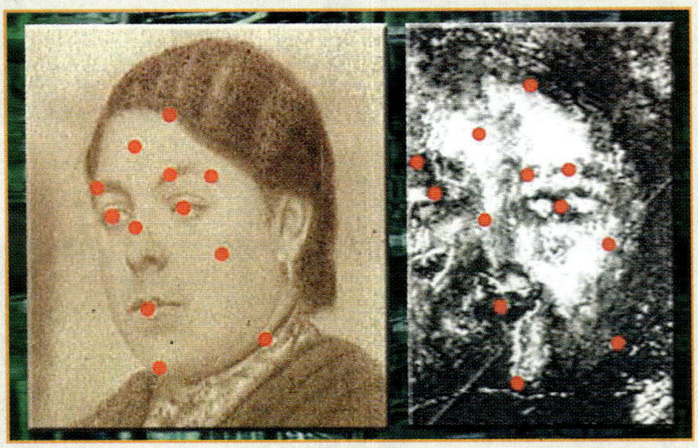

[1] Según demuestran los diversos trabajos realizados por los historiadores que se ocuparon de investigar el día a día en el asedio del santuario de la Cabeza (Urrutia Echaniz, Luque Arenas, Luengo Muñoz, Munilla Gómez o Ruiz Ayúcar, entre otros), se realizaban comuniones casi diariamente y hasta el 29 de abril ante la imagen de la antigua Virgen. Misas efectuadas en las cuevas del subsuelo de la cripta donde muchas personas encontraron la muerte. En la teleplastia llamada «Dama de la Copa», considerada por muchos como la más compleja, y que apenas duró unos días, surgió un cáliz y una hostia.

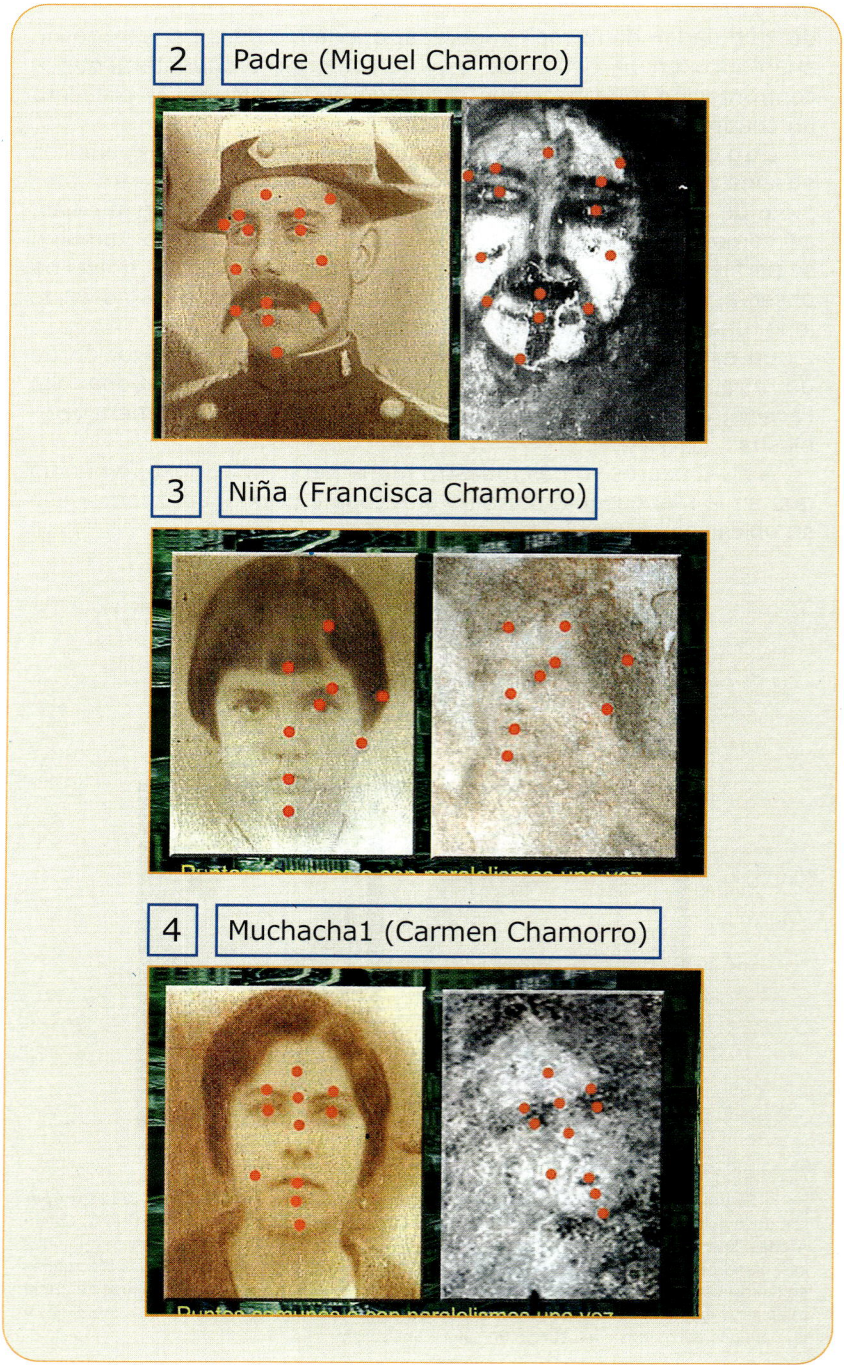
2
Padre (Miguel Chamorro)
3
Niña (Francisca Chamorro)
4
Muchacha1 (Carmen Chamorro)

Prueba de establecimiento de matrices en correspondencia geométrica

1

Madre (Isabel Gómez)

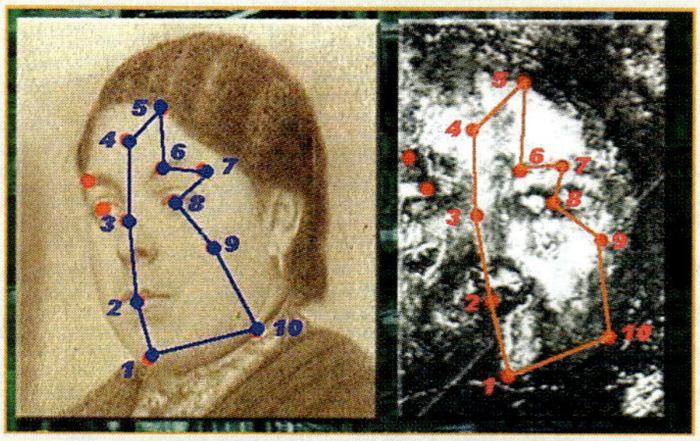

2

Padre (Miguel Chamorro)

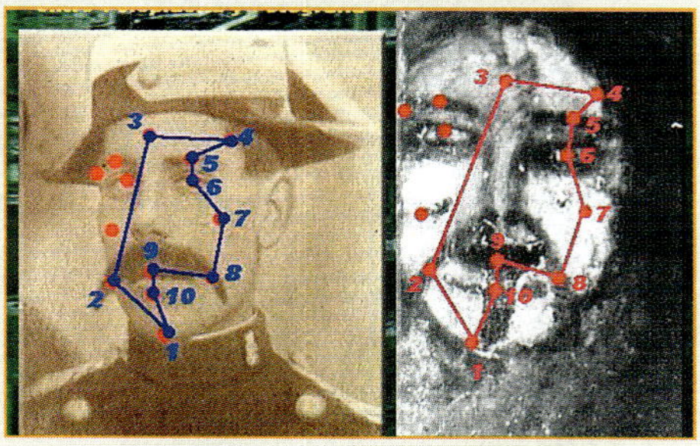

3

Niña (Francisca Chamorro)

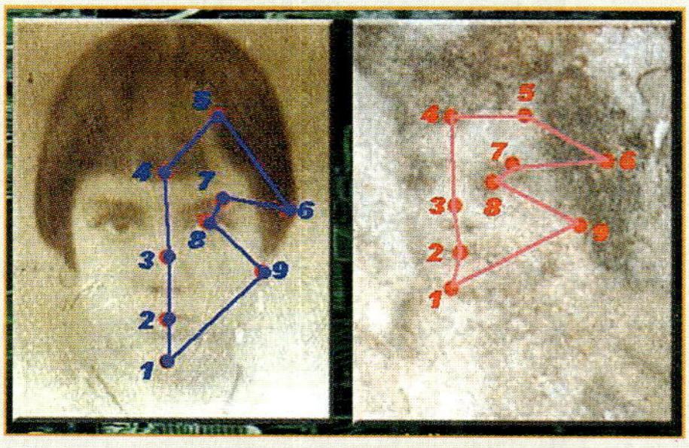

4

Muchacha1 (Carmen Chamorro)

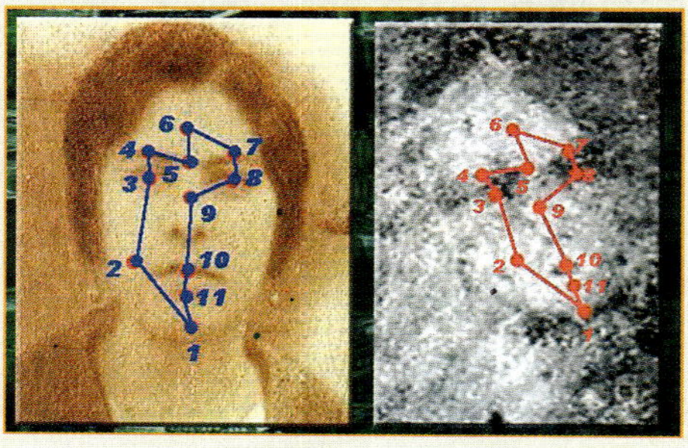

Prueba de superposiciones anatómicas entre fotografías y teleplastias por computerización de programas Confront y Faccete

1

Madre (Isabel Gómez)

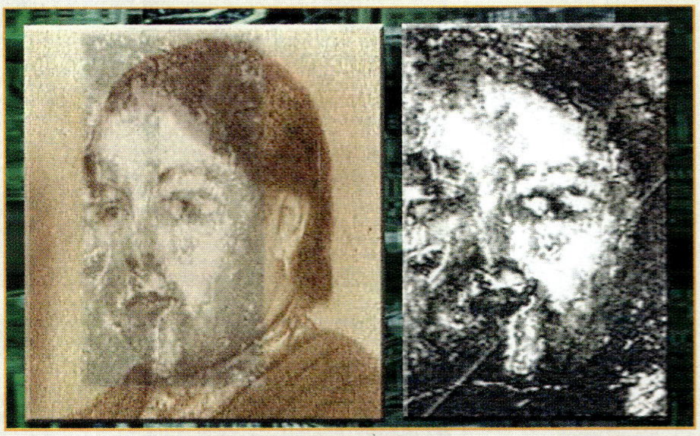

2

Niña (Francisca Chamorro)

3

Muchacha1 (Carmen Chamorro)

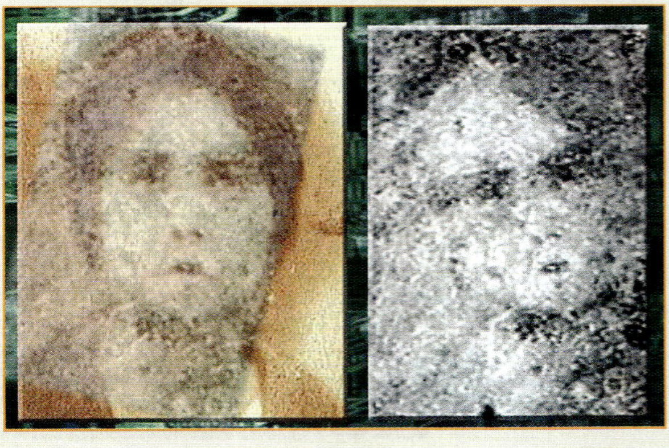

4

Muchacha2
(Ana
Chamorro)

5

Padre
(Miguel
Chamorro)

Prueba de renderizaciones para efectuar un proceso de transformación entre fotografía y teleplastia

1 Madre (Isabel Gómez)

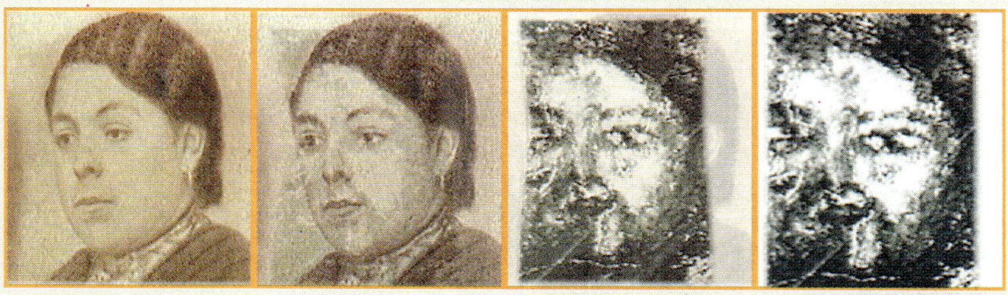

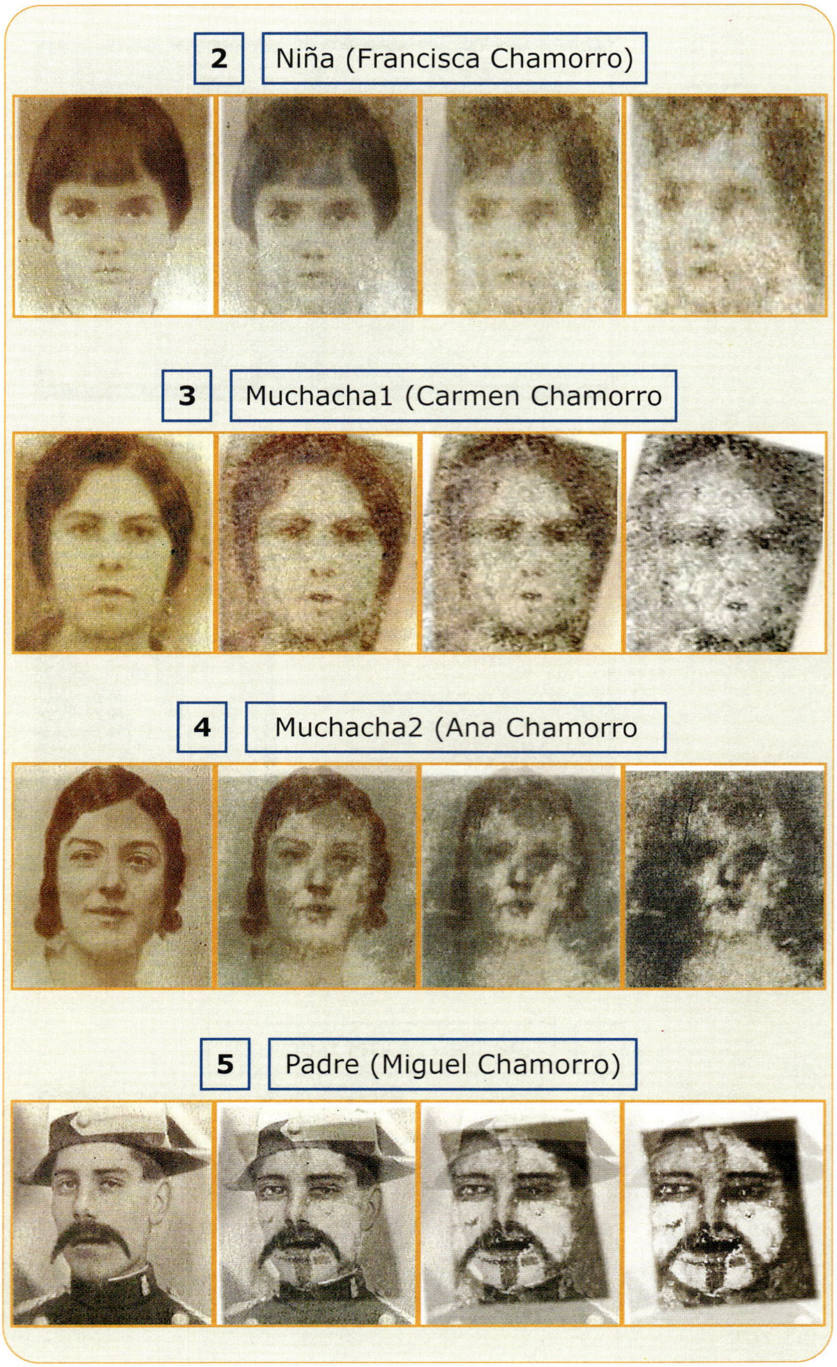
2
Niña (Francisca Chamorro)
3
Muchacha1 (Carmen Chamorro
4
Muchacha2 (Ana Chamorro
5
Padre (Miguel Chamorro)

RESUMEN/CONCLUSIÓN

Las coincidencias y paralelismos para ser simples esbozos o dibujos dan un nivel de concordancia de un 68,3 por 100 en modo forzado, lo cual nos indica algo más que el simple azar o el capricho del mismo en la formación del conjunto teleplástico de Bélmez.

El análisis de los rasgos faciales y morfológicos nos podrían indicar un cierto grado de familiaridad entre ellos, un parentesco definible por las formas de los rostros, sus morfologías, los pómulos, arcos frontales y labios.

Se han insertado las teleplastias a su teórico rostro con el resultado visible en las fotografías que hablan por sí solos y, sobre todo, el nivel de expresividad queda de manifiesto.

Apreciaciones estilísticas sobre el fenómeno de las caras de Bélmez

Al tiempo que se efectuaban las diferentes comparaciones informáticas con medios de la policía científica, le pedíamos a Pedro Ramón Jiménez, dueño de Theotokopoulos —una de las más prestigiosas galerías de arte antiguo europeo de los siglos XV-XVII—, veterano pintor y profundo conocedor de la técnica y la plástica artística, otro informe sobre el estilo con el que se han ejecutado las caras de Bélmez.

Le hicimos llegar a su estudio las imágenes y detalles de los rostros —desde los primeros hasta los últimos en surgir— e intentamos que efectuase esta experiencia pionera con el objetivo de responder a dos preguntas que desde hace treinta años flotan en el ambiente y nadie ha respondido: ¿Los dibujos son de una o de varias personas? ¿Son creaciones ingenuas o composiciones complejas al alcance únicamente de entendidos?

Las detalladas respuestas de Pedro R. Jiménez nos dejaron asombrados. Parece ser que la factura y la técnica empleada para gestar este misterio es mucho más complicada de lo que todo el mundo suponía.

Exponemos aquí el análisis transcrito de su puño y letra:

Hemos sido invitados a expresar nuestra opinión para analizar el fenómeno de la aparición de una serie de figuras en una cocina del pueblo de Bélmez de la Moraleda, Jaén. Al contemplar las diapositivas que se me han entregado, una serie de sensaciones, para las que no dispongo de vocablos adecuados, surgen instantáneamente. Son los mismos que acontecen ante un objeto sagrado de cualquier cultura. Una sensación de estar despojados de una sabiduría que no nos sirve ante esa grandeza. Sobrecogidos por la incógnita y la evidencia de que existe una dimensión que no podemos entender y a la cual estamos ligados incluso por resortes más profundos que nuestro propio acontecer cotidiano. Creo que las caras tienen esa capacidad. Su misterio es propia invitación a sentirlo.

Si los análisis realizados descartan la intervención de sustancias ajenas al propio cemento, debemos pensar que el fenómeno se produce por acumulación de átomos de materia que ofrecen una superficie que refleja distintamente las longitudes de onda de la luz provocando claros y oscuros.

Una misma cultura

Esas diferencias producen una superficie heterogénea que es susceptible de sugerir figuras e imágenes.

Hay que aclarar que las imágenes pictóricas, cuando son figurativas, tratan de presentar elementos de la realidad. El hombre ve lo que está preparado para ver y capta e interpreta su entorno en función de un universo conceptual y vivencial. Tanto en la captación como en la proyección, subyace en cada uno de nosotros ese universo cultural. Así, los estilos pictóricos podemos identificarlos en orden a su historicidad y su localización geográfico-cultural. Los estilos culturales son como grandes corrientes en las que lo general no ahoga por completo la individualidad. Y la personalidad del artista —cuando adquiere determinado nivel— se pone nítidamente de manifiesto. Y así llegamos a conocer la gracia, el estilo y la forma de configurar de obras de artistas aún no estando firmadas ni documentadas. Así llegamos a descubrir quién pintó determinada obra hace siglos, a pesar de que en un principio sus pinceladas nos parezcan muy parecidas a las de otros miles de artistas. Cada uno, oculto, tiene su misterioso código.

Las posibles y múltiples lecturas dependen del universo cultural del lector. Las caras son legibles para nosotros, occidentales del siglo XXI, *y podríamos decir que están entroncadas dentro del ámbito de nuestra cultura. Las referencias y conexiones son amplias, multiples y diversas.*

Y no nos serían extrañas en el contenido de una galería de arte o cualesquiera otra manifestación visual. Tendrían, sin duda, el poder que ahora tienen de conmovernos.

Pinturas negras

- *A nivel estilístico, afirmo mi convicción de la* coherencia y unidad estilísticas *que nos remiten a una personalidad que tiene homogeneidad y que de esta forma tan singular la manifiesta.*
- Los recursos *que emplea no son* nada ingenuos *y plantea un universo formal bien definido. Con todo ello, podemos determinar, sin lugar a la duda, que hay un estilo y entidad propios. El estilo a nivel pictórico quedaría encuandrado en el* expresionismo, *corriente que provoca la expresión de los sentimientos y la representación emocional que despiertan en el espectador deformando y exagerando la realidad.*
- *Parece que el autor bebe en las pinturas negras de* Goya, Solana y Edward Munch. *Sus trazos y conformación tienen grandes paralelismos.*

Algunas formaciones teleplásticas parecen inspirarse según los especialistas en el estilo inconfundible, genial y tremendo de las llamadas pinturas negras *de Francisco de Goya.*

El célebre Grito *del pintor Edward Munch, ejemplo de la distorsión y la angustia, parece reflejarse en su sentido más profundo en rostros como* El Cráneo.

La Pava: *Es, curiosamente, la primera en aparecer y la que se considera más tosca; sin embargo, posee elementos dinamizadores que la hacen ser mucho más moderna que el resto. Las caras femeninas son de carácter más goyesco y decimonónico. Las caras posteriores tienen elementos más antiguos, menos avanzados que la primera.*

Falsa ingenuidad

Una de las frases más repetidas en torno a este curioso fenómeno es la supuesta ingenuidad de quien las creó. Bien, podemos decir que a nivel plástico y artístico no existe tal ingenuidad, sino una gran complejidad muy difícil incluso de copiar. *Esto se pondría de manifiesto si se hiciera copia por personas de diferentes grados de técnica y conocimiento pictóricos. Con este experimento se evidenciaría la presencia de* resoluciones sutilísimas *y de difícil ejecución para alguien que no tenga un nivel elevado. Estas sutilezas se ponen de manifiesto tan rotundamente que hay que descartar definitivamente la teoría de la formación aleatoria en el cemento.*

Los «espacios blancos», limpios de zonas oscuras, son tan precisos y definidos que hacen imposible la casualidad. Hay intuición, volun-

tad y concepto técnico de una gran dificultad. Es por lo tanto impensable que una sola de estas figuras hubiese surgido por azar en la conjunción de los diversos elementos del cemento.

Si las caras no están realizadas por humanos, sin duda nos referimos entonces a otra dimensión del mismo, o a entidades desconocidas pero que tienen una gran similitud, tal y como demuestra su representación, similitud con nosotros.

Analizando las formaciones más impactantes, podemos concluir lo que sigue:

- ***La Pava:** Es, sin lugar a dudas, la más impresionante. La que emana una contundencia expresiva de la que es difícil sustraerse. Tiene ciertas notas diferenciadoras en blanco. El perfil de los ojos o la oscuridad de los labios están al servicio de una brutal expresión. Solo con intentar hacer una copia de este rostro se comprobará la tremenda dificultad para alcanzar una expresión tan contundente*.*
- ***Mujer 1:** Hay una clara intención de transmitir o sugerir elegancia. Esto se subraya por la aparición del collar o escote que no aparece en otras formaciones.*
- ***Cara del Miedo:** Correspondiente a las llamadas «efigies de niños». Es digna del pincel de un Goya. Hay una gran expresividad en ojos y el gesto desencajado de la boca.*
- **Niña 1:** *Alcanza gran perfección en la proporción perfecta de su óvalo. El conjunto expresivo es digno del estilo goyesco.*
- ***El cráneo (Muchacha 2) :** La imagen no puede ser más sintética. Todo un prodigio de técnica y ahorro plástico. Es imposible expresar más con menos trazos.*

* Las pruebas para «copiar a *La Pava*» efectuadas por el doctor Viñas —químico—, en febrero de 1972, y por diversos especialistas, entre los que se encontraba Enrique Guerrero de Guindos en Málaga, en 1974, demostraron a las claras que ninguna de ellas, realizadas con pintura o sales de plata, alcanzaba la enigmática fuerza y expresividad de la genuina.

* * *

Con el dosier informático en las manos, decidimos dar un nuevo salto mortal hacia delante. Otro reto. Nuestra idea, regresar a Bélmez y mostrar estas pruebas elaboradas con tecnología policial a Isabel Chamorro, la única superviviente de la tragedia de su familia, y a María Gómez Cámara, dueña de la casa de los misterios.

Sus palabras, sus reacciones y sus silencios podían aclararnos muchas cosas.

Rumbo de nuevo a la sierra Mágina, quedamos absortos ante los parajes de la recién llegada primavera. Y sin saber cómo, poco a poco comenzaron a poblársenos los pensamientos con algo que se llamó «operación Tridente».

Bajo ese nombre se ocultó la unión del Ministerio de la Gobernación de la época y la Iglesia para aniquilar un enigma imposible de explicar. Para mentir a la opinión pública y dejar por farsantes a aquellos hombres y mujeres de Bélmez.

Una siniestra trama que, pacientemente, fuimos derrumbando durante años de investigaciones como se derrumba un castillo de arena agrietado por el tiempo.

Solo el afán de saber la verdad nos condujo a notarios, expedientes secretos, policías, médicos, periodistas... A todos los actores de una trama negra sobre la que había que arrojar luz después de treinta años.

Y atravesando las sendas de los olivos centenarios, como en una vieja película, nos viene a la memoria, de golpe, toda aquella aventura oscura que un día se cernió sobre este misterio...

Catálogo de las Caras de Bélmez

La Pava

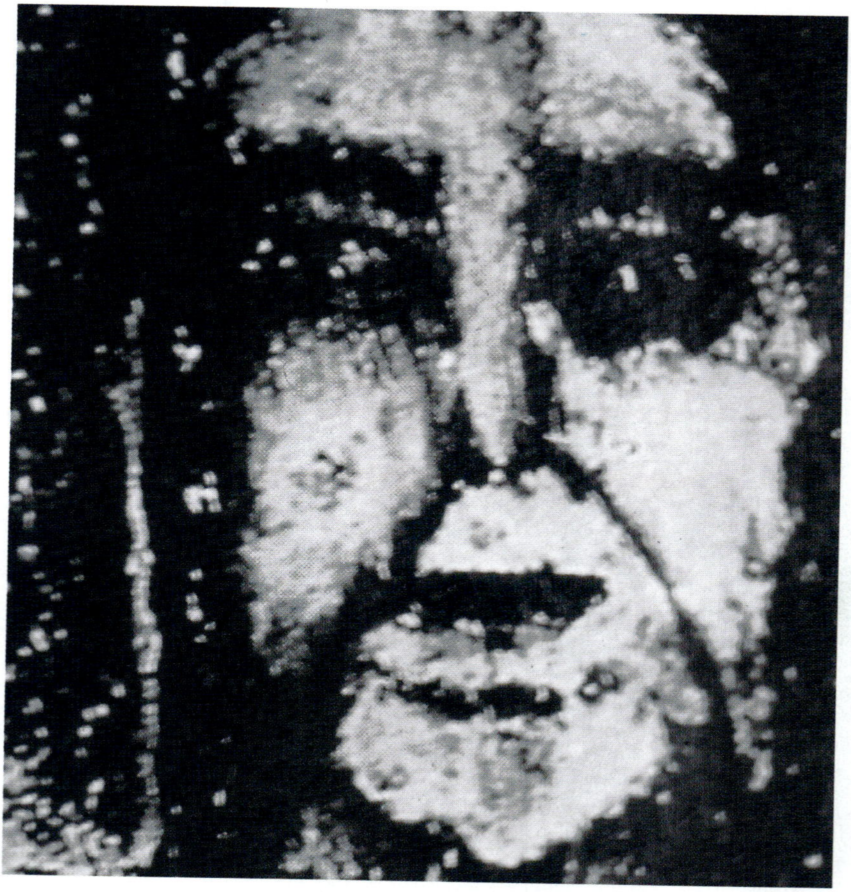

Esta es la primera imagen conservada de *La Pava*, que apareció en los primeros días de septiembre de 1971. Para muchos, se trata del epicentro del fenómeno.

El Cráneo, La Pelona

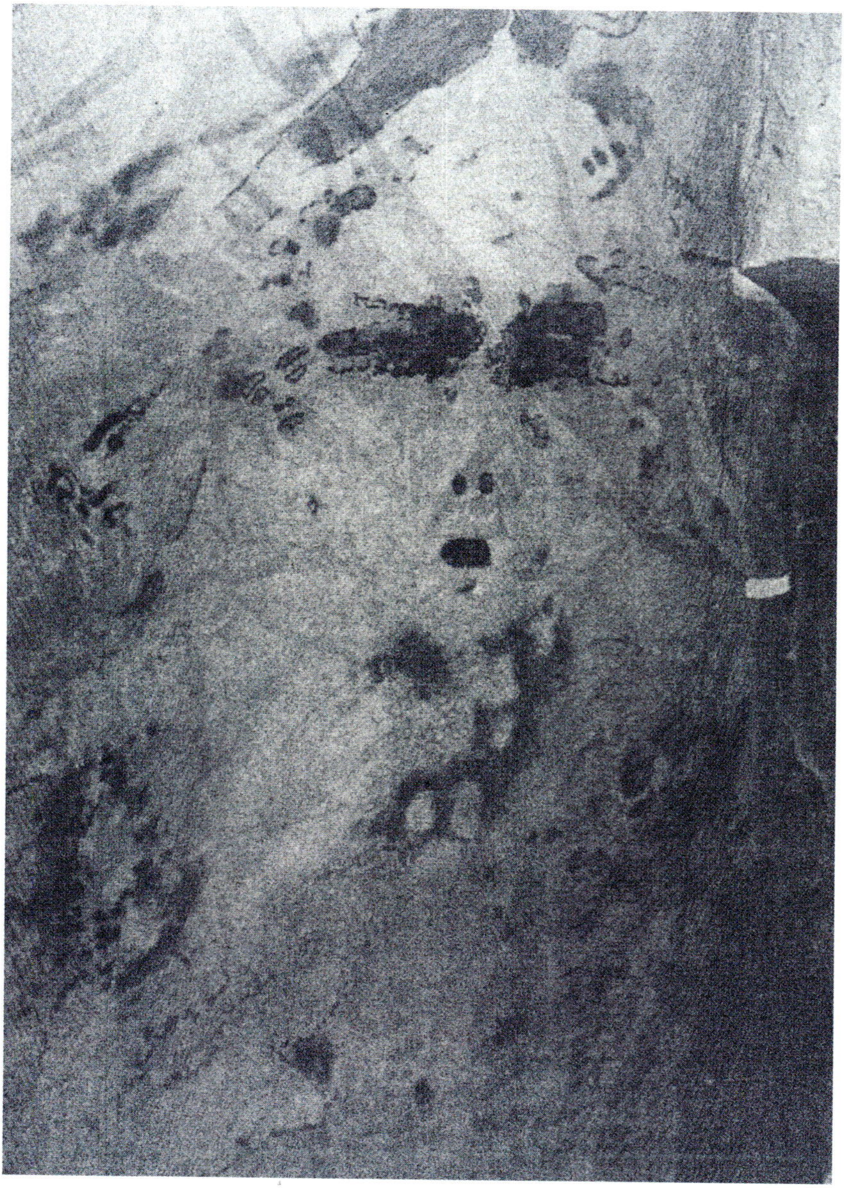

El Cráneo o *La Pelona*, surgida entre diciembre y enero de 1972. Es una de las más expresivas y la que más economía de trazos presenta.

El Padre y el Hijo

Una de las formaciones más perfectas a las que se denominó *El Padre y el Hijo*. Quizá hoy habría que llamarlas «La madre y las hijas». La figura mayor, según destacaron Salvador Ortega y el diseñador Miguel Rivavelarde, parece sostener un pequeño cuerpo de espaldas con traje largo. Algo parecido a un bebé. Surgió hacia 1976.

La Mujer de la Melena

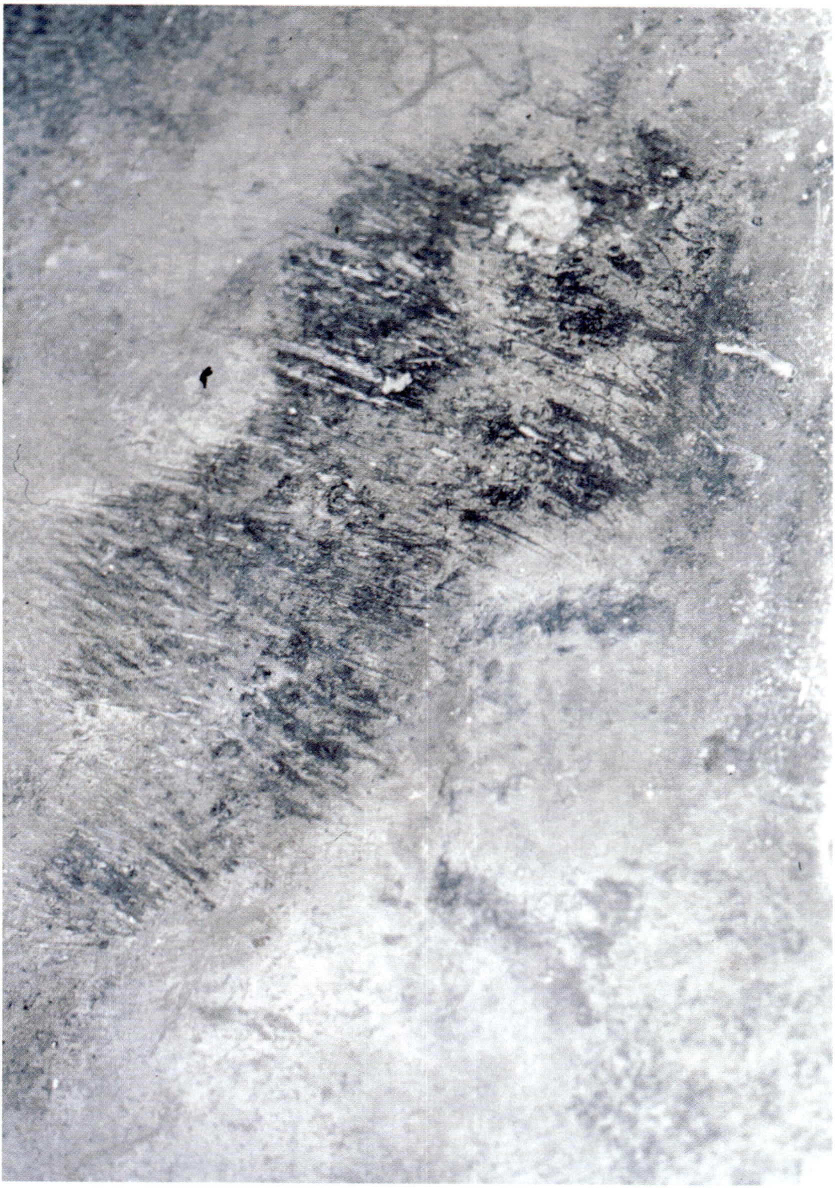

Aprovechando la propia tonalidad oscura del cemento apareció este atormentado rostro de mujer madura a principios de los ochenta.

La Dama de la Copa. La Moza de la Horrible Mueca

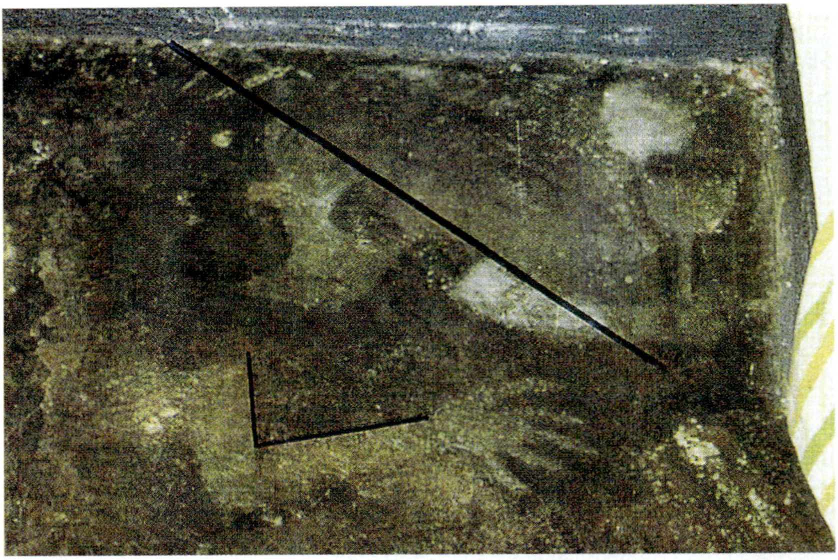

Una de las más complejas formaciones, la *Dama de la Copa*, surgida a finales de 1980. Duró apenas una semana. Junto a ella algo parecido a un cáliz y una hostia. Hay que destacar que hasta el último día de asedio los sitiados celebraron una misa, en mitad de los bombardeos, en el fondo de la cripta.

«La moza de la horrible mueca», bautizaron los reporteros de *Interviú* a la efigie de la *Dama de la Copa*. Es una de las misteriosas caras surgidas en tiempo de silencio.

Niños Satélite

Nueve rostros de niños como este rodearon a una de las primeras caras en 1972. En apenas quince días, no quedó rastro de ellos.

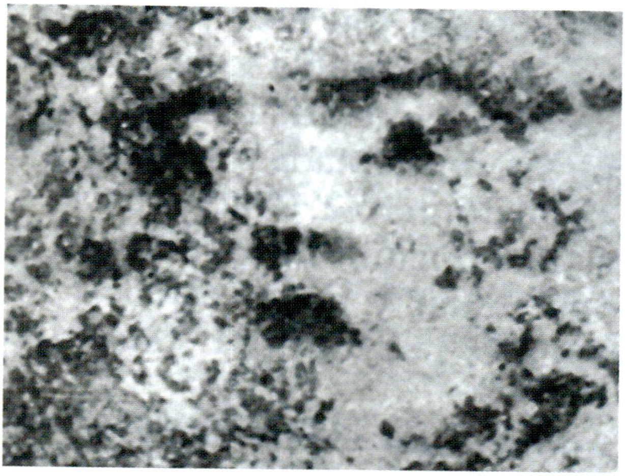

Familia del Fogón

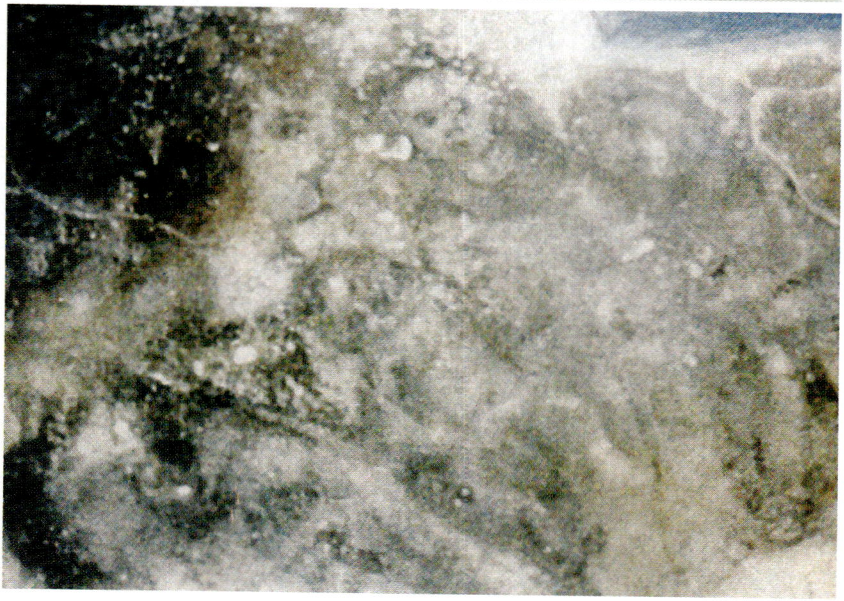

El conjunto familiar de mujeres y niñas, aparecido en el fogón en la década de los ochenta. Es la viva representación de la muerte de las Chamorro en la Casa Colomera el 26 de abril de 1937.

Mujer del Esquinazo

Inicio de la formación de una cara en el esquinazo, hacia 1975, y su evolución con el paso de las semanas.
Hoy este rostro no existe.

El Feto

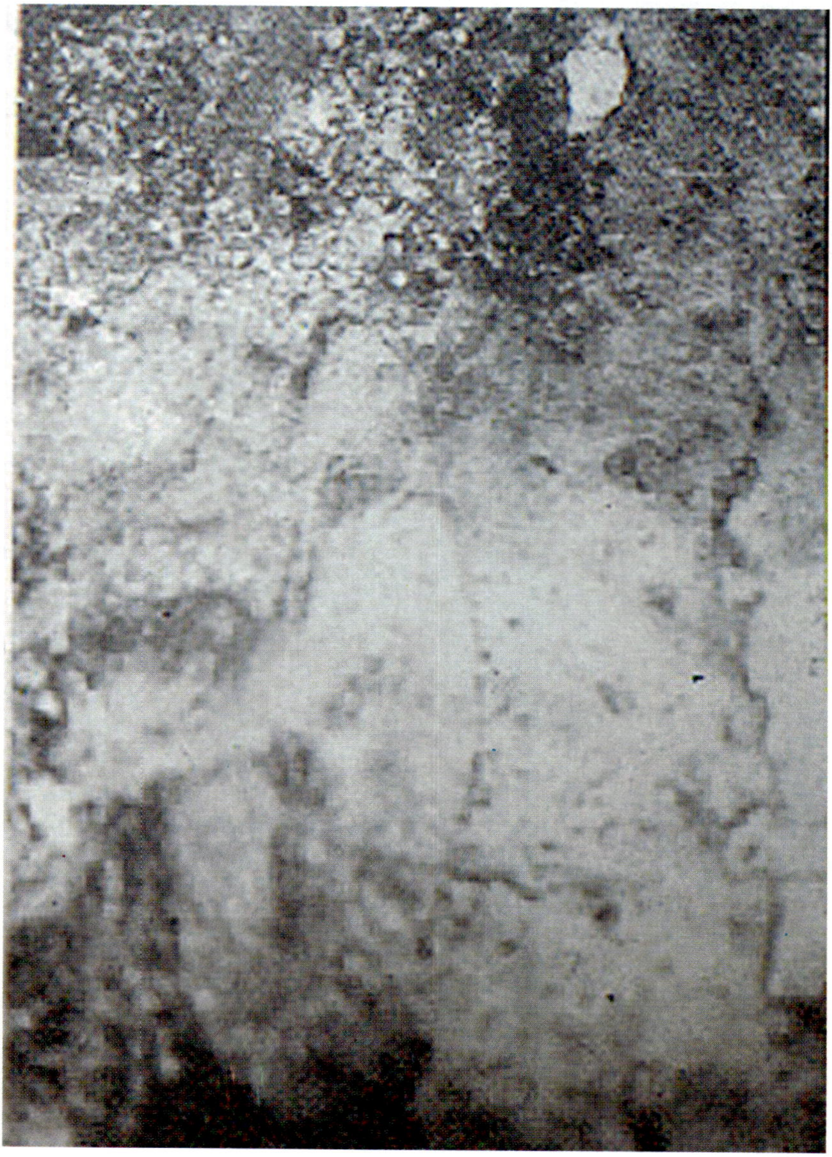

El Feto, una de las más sobrecogedoras formaciones aparecidas en la nueva hornada de 1980, descubierta por el investigador jiennense Martínez Romero. Para algunos, es la viva plasmación de ciertos procesos dramáticos ocurridos en la vida de María.

La Madre

Una mujer con niño fetal en los brazos. Finales de los noventa. ¿A quién representa? ¿Se trata de Isabel Cámara con su hija Isabel Chamorro antes de su muerte? ¿Tiene algo que ver la voz «Isabel», grabada justo en ese mismo lugar de la cocina.

La Guapa. La Mujer del Escote

La bautizaron como *La Guapa* y surgió en 1990. Es una de las que sobreviven. Solo permanecen las que guardan similitudes con los miembros fallecidos de la familia Chamorro. ¿Por qué?

El Maestro. El Santo

Evolución de una figura de aspecto religioso. La llamaron *El Maestro*, y su vida efímera transcurrió hacia 1982.

La Mujer Desnuda. La Venus

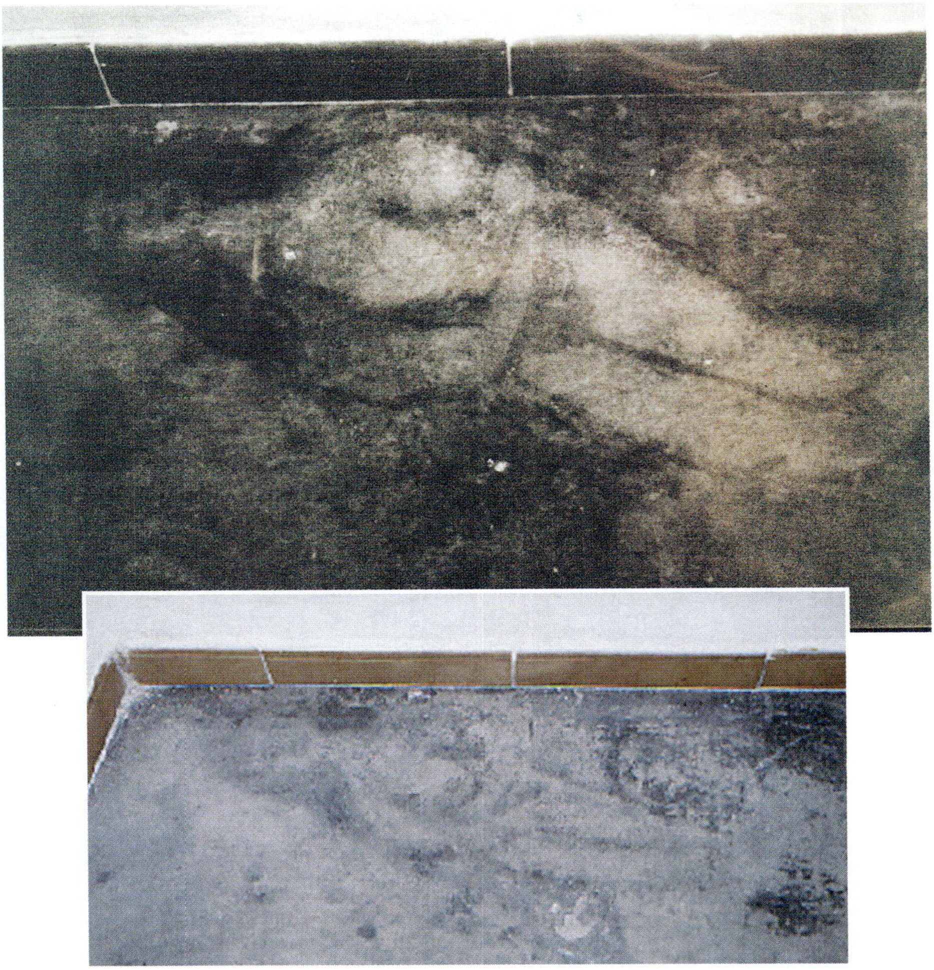

Aparición y posterior desdibujamiento de una mujer desnuda aparecida en el pasillo de entrada a la cocina.
Vio la luz en diciembre de 1990.

Rostros Satélites. Los Niños

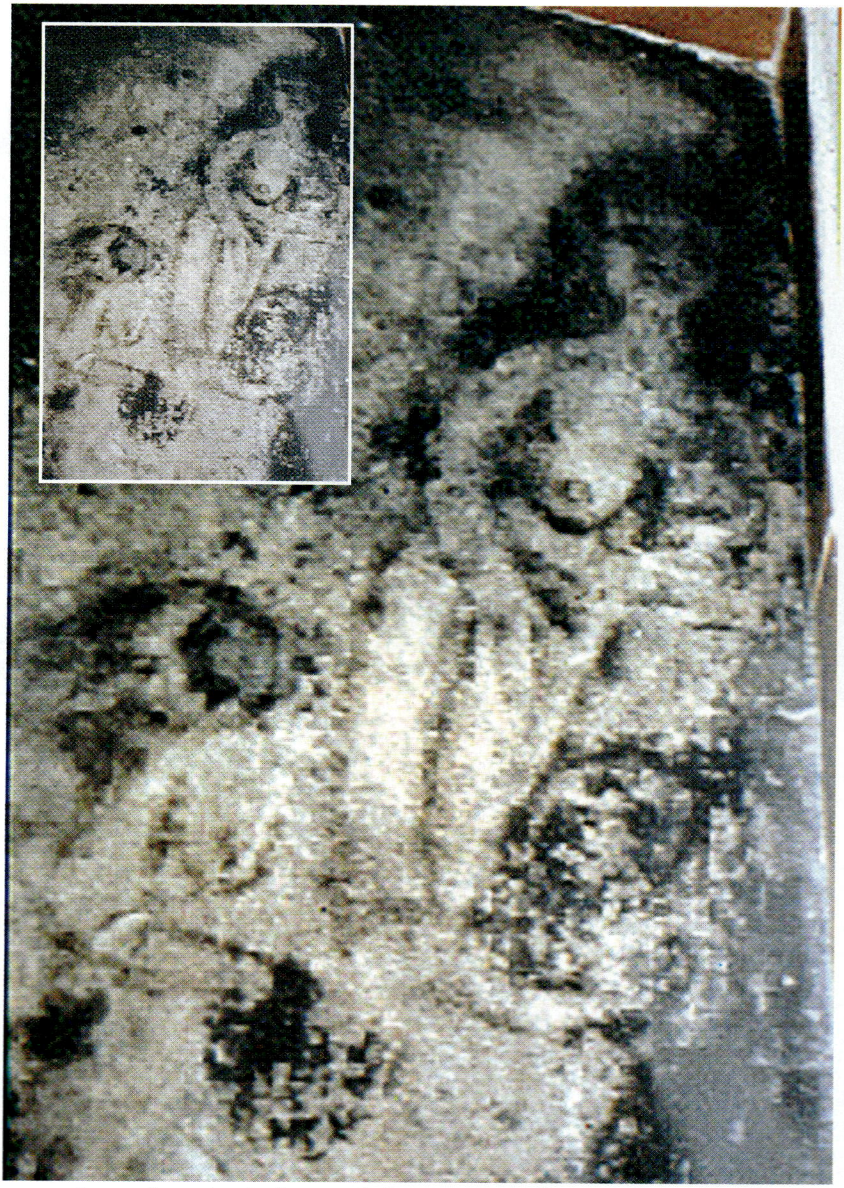

Impresionantes imágenes de los rostros satélites que empezaron a aflorar bajo los pies de la mujer desnuda. Desparecieron en apenas dos años.

El Monstruo

Un rostro de gran tamaño e inacabado surgió junto a la puerta que fue sellada durante el proceso de precintado notarial. Con el tiempo, de uno de los ojos, comenzó a surgir otra faz. Es el ejemplo de la llamada bivalencia o trivalencia de las caras de Bélmez.

La Cara del Miedo

Fotografiada por el médico de Bélmez, es una de las más fugaces y expresivas muestras del horror que se plasma en ese cemento. Para el especialista Pedro R. Jiménez, es una «esquematizada pero viva imagen de las pinturas negras de Francisco de Goya».

El Pelao

En 1973 nació *El Pelao.* Fue arrancado para ser examinado en el Instituto Hidrográfico de Valencia.

El Rabino. El Viejo

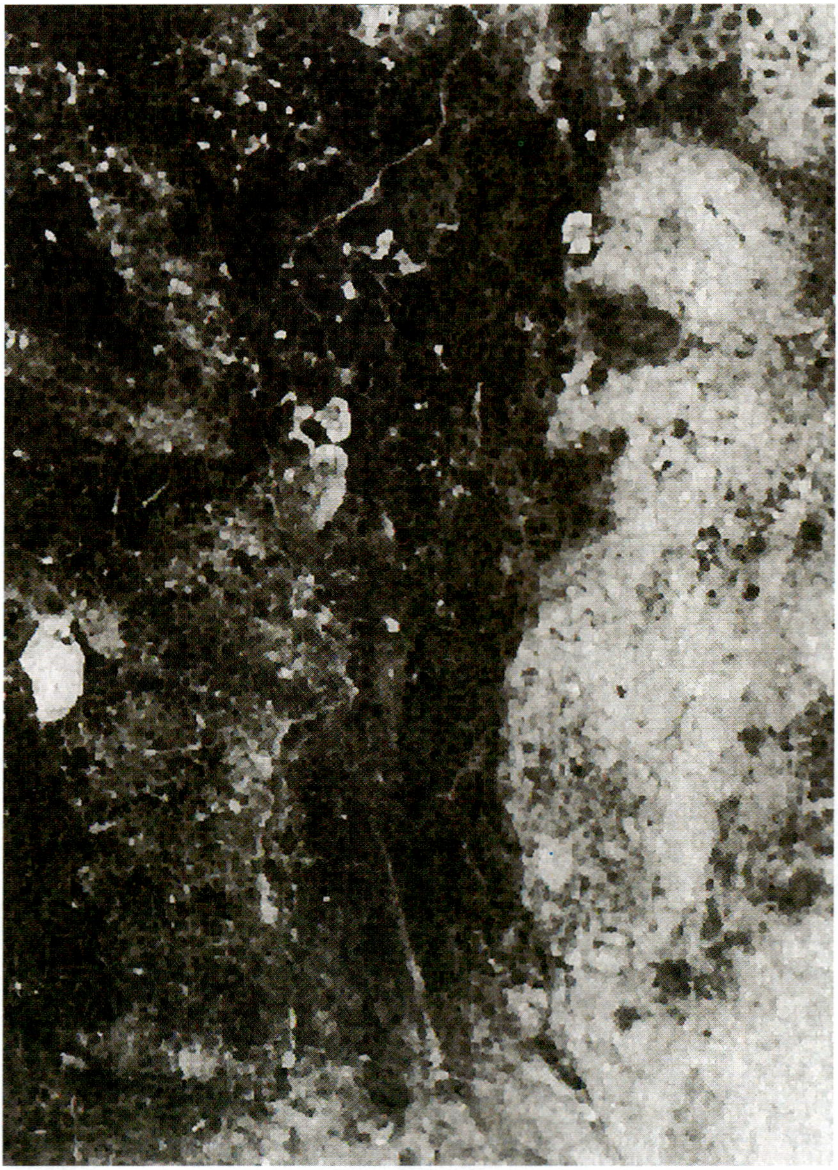

Valle-Inclan, así fue bautizada esta imagen por el reportero Antonio Casado. Vio la luz el 10 de febrero de 1972, en pleno apogeo del misterio.

Capítulo 11

Mentira de Estado

El ministro me puso entre la espada y la pared y dijo que eso había que cortarlo, pero yo no podía decirle a la gente que no fuera a mi pueblo. A eso él respondió enfurecido: «¡Te vas a enterar Rivas..., te enterarás!».

[Conversación secreta entre el ministro de la Gobernación, Tomás Garicano Goñi, y el alcalde de Bélmez, Manuel Rodríguez Rivas, en Madrid, agosto de 1972.]

EN EL CORAZÓN de la Gran Vía, en el quiosco próximo al número 32, frente a la Casa del Libro y Radio Madrid, la hilera de curiosos llegaba hasta el final de la manzana. Todos querían un periódico, el que con su mejor plantel de reporteros y más de cerca estaba cubriendo los sucesos de Bélmez: el diario *Pueblo.*

Nadie sabe qué ocurrió con certeza, pero lo cierto es que el 25 de febrero de 1972 el promotor informativo de todo el asunto durante varias semanas plegaba velas y se descolgaba bajo un sonoro e impactante titular, cuyos ecos aún no se han apagado:

Se acabó el misterio

El serial que habían ido construyendo hábilmente durante casi un mes —primero bajo el epígrafe: «En este pueblo de Jaén algo está pasando», y luego con el membrete de «Las caras hablan»— se había cortado abruptamente.

Antonio Casado, el autor del célebre reportaje titulado «Se acabó el Misterio», posa con aquella página histórica. Gracias a esta investigación podemos saber que recibió presiones del director del periódico, Emilio Romero, quien, a su vez, las recibió del ministro de la Gobernación, Tomás Garicano Goñi.

Como un machetazo amputando un miembro. Así de doloroso fue para algunos periodistas y lectores. Pero pocos se atrevieron a contar la verdad en aquellos tiempos.

Según rezaba aquella sorprendente crónica, que cambió de raíz la forma de pensar de los españoles, una comisión dirigida por un tal José Luis Jordán, y el propio equipo de *Pueblo investiga*, con el químico Ángel Viñas a la cabeza, había dado con la solución a todo el increíble enigma; una sencilla fórmula química, resultante de la acción solar sobre una sustancia compuesta por sales de plata, era el origen de aquellas fotografías en piedra que tan «engañados» habían tenido a millones de personas.

Sencillo, ¿verdad?

Tras esa conclusión, y sin cuestionarse el rigor de los análisis efectuados, el resto de medios de comunicación dejaron de informar sobre el asunto Bélmez solidarizándose con el único y repentino veredicto.

Y el pueblo serrano volvió a ser lo que siempre fue. Silencioso, sin nadie en sus calles. Como si todo hubiese sido un bullicioso sueño. Como si aquellas caravanas de gente y aquella expectación jamás hubiese trepado por sus calles...

Parecía, según confesaron a pie de aeropuerto los estudiosos europeos como el profesor Naegli, de la universidad de Sant Gallen, de Suiza, o el doctor Hans Bender, de la alemana de Friburgo, «que una mano negra hubiese intervenido en todo el asunto».

No se equivocaban.

Avivado milimétrica e inteligentemente el rumor del bulo, de la trampa rural y de la Andalucía profunda, negra y grotesca, el fenómeno fue olvidado rápidamente incluso por todos aquellos que jamás pusieron un pie en la aldea belmorense. Los que solo seguían los noticiarios, la prensa y la radio fueron los primeros en caer en la cuenta.

—¡Si ya decíamos nosotros que había truco!

Y solo algunos, muy pocos, recelaban. Pensaban que algo no encajaba. Pero como casi todos, sellaron sus bocas. Mejor así, les aconsejaron más de una vez.

Esos indecisos se preguntaban, quizás, por qué los autores de análisis y reveladores descubrimientos habían puesto hábilmente pies en polvorosa, llevándose consigo los importantes informes que demostraban la falsedad de las caras.

Cómo todo había ocurrido tan rápidamente y no se había hecho una multitudinaria rueda de prensa. Cómo no se habían reproducido punto por punto aquellos análisis...

Algo olía a podrido aquel febrero de 1972. Pero no hubo una sola voz disidente. Todo estaba atado y bien atado.

Un halo de misterio y de trama urdida desde muy arriba planeó rápida sobre el pueblo, sobre los vecinos que habían quedado como «los tramposos del país". Y más de uno pensó en una extraña visita ocurrida a principios de mes cuando una periodista, hoy residente en París, alquilaba una habitación no muy lejos de la casa de María Gómez Cámara y redactaba durante dos madru-

Carmen Polo, la esposa de Francisco Franco, tuvo, al parecer, un gran interés por saber si el tema de las caras de Bélmez tenía algún nexo de unión con el ámbito religioso. Tras desestimarse esa posibilidad comenzó a rodar la «Operación Tridente».

gadas, a golpe de café y máquina de escribir que aún se conserva intacta, un grueso expediente. Su destinataria, Carmen Polo, la esposa del jefe del Estado.

Tres puntas, tres puñaladas

Parece ser que el interés de la señora y brazo derecho de Francisco Franco no era otro que averiguar, con una persona de entera confianza como enviada especial, si aquellos rostros de los que se hablaba en todo el país podían representar algo de origen religioso. Nadie puede saber qué derroteros hubiese tomado el asunto si se hubiese dado una respuesta afirmativa, pero lo cierto y real es que la reportera pronto se dio cuenta de que las efigies de aquella cocina poco o nada tenían que ver con imágenes dignas de veneración divina.

Desde el preciso instante en que ese informe es remitido a Madrid comienza la fría y calculada misión de aniquilar el misterio. Y lo triste es que, al menos durante más de veinte años, ese objetivo se logró plenamente consiguiendo el descrédito y la creencia —aún mantenida en miles de personas— de que « aquello de las caras fue un engaño».

Nuestra paciente investigación, efectuada junto al investigador Lorenzo Fernández, demostraron tajantemente la existencia de tres fases demoledoras que, como puñaladas hondas y mortales de necesidad, en apenas quince días «reventaron» el caso de las caras de Bélmez. Serían concretamente estas:

Primera: Postura de la Iglesia

La paradoja no pasó inadvertida para el Obispado de Jaén. El número cinco de la calle Rodríguez Acosta, con sus problemáticas apariciones en la piedra, se había convertido —a pesar de no desearlo sus dueños— en un segundo santuario. Hasta su portal peregrinaban diariamente miles de personas dispuestas a encontrarse frente al milagro; un milagro pagano que irritó desde un primer instante a la iglesia belmorense. Fue el joven párroco local, Antonio Molina, el primero en reaccionar lanzando a los cuatro vientos arengas contra la autenticidad del fenómeno.

Según nos confesaron algunos de los estudiosos que arribaron en Bélmez en los primeros días de 1972, el sacerdote hizo todo lo posible por intentar demostrar que aquello no era más que un ingenuo fraude provocado por un grupo de vecinas; un incidente que empezó como una simple broma al retocar una mancha aparecida en el fogón de la vivienda de María Gómez Cámara y que ya no se pudo detener ante las publicaciones en los diversos diarios regionales.

Pero en Bélmez, para enfado del sacerdote, nadie dudaba de la honradez de los inquilinos de la vivienda «encantada». Ante esa perspectiva, Molina difundió la hipótesis de la broma incontrolada entre los investigadores que llegaban hasta aquel rincón de la sierra Magina. Aquel ardor suyo en atacar el misterio era ya excesivo y logró levantar sospechas en el máximo mandatario del pueblo, Manuel Rodríguez. Lo que no se sabía entonces es que el párroco no actuaba de motu propio, sino que cumplia órdenes tajantes de su superior, el obispo de Jaén, Miguel Peinado Peinado.

Así nos lo confirmó el alcalde en aquellos turbulentos años de la «operación Tridente», Manuel Rodríguez Rivas. Un hombre clave que había permanecido veinticinco años al margen de los medios informativos y al que arrancar estas confesiones costó sudor y lágrimas:

—*Todo aquello* —nos decía Rivas en su propio domicilio— *se vino abajo porque había que echarlo. Si se admitía la parapsicología había que desterrar el milagro y entonces topamos con la iglesia. El diario Pueblo hizo explotar el fenómeno. Aquí todos los días de los primeros seis meses llegaban tres mil personas..., se agotaba la comida, la bebida y todo lo que había en este lugar. Era un gran problema para el orden público. En un principio, ni el gobernador civil se interesó por el asunto..., fue la Iglesia. Se da la circunstancia de que yo estudié magisterio en Granada y mi profesor fue el que, en aquel mil novecientos setenta y uno, era obispo de Jaén, don Miguel Peinado Peinado. Y fue precisamente él quien me llamó y me dijo que aquello había que cortarlo como fuese y que esperaba que yo estuviera en cabeza de un grupo de gente que pusiéramos fin al incómodo asunto de las caras. Yo no pude más que responderle tajantemente que el fenómeno estaba allí, que era real y que no se podía cortar nada...*

Con el paso del tiempo, el representante de la Iglesia en el pueblo, el párroco Antonio Molina, al verse duramente presionado por las cúpulas eclesiásticas, acabó rechazando todo lo concerniente al fenómeno teleplástico. En su afán por alejarse de aquel inquietante asunto tomó la decisión de abandonar el pueblo para colgar definitivamente los hábitos años después.

Tras un largo periplo siguiendo su rastro por toda Andalucía, finalmente logramos dar con él. Cuando conectamos con Antonio ejercía de maestro en un colegio de la localidad cordobesa de Lucena, alejado de toda la efímera popularidad que vivió en aquellas jornadas de 1972.

Según comprobamos con sorpresa, a pesar del tiempo transcurrido, no podía olvidar lo que ocurrió.

—*Yo no recibí presiones de ningún tipo* —nos confesó con voz atiplada a través del teléfono—, *lo único que puedo decir es que aquello es un fenómeno parapsicológico, parafísico, y no hay nada más que añadir...*

La brevedad de sus palabras no restaban importancia a las mismas. Estaba descartando con rotundidad la hipótesis del fraude en contra de lo que parece se vio obligado a decir treinta años atrás. A pesar de nuestros esfuerzos, no pudimos continuar la

Manuel Rodríguez Rivas, entonces alcalde de Bélmez de la Moraleda:
«Fue precisamente el obispo Miguel Peinado quien me llamó y me dijo que aquello había que cortarlo como fuese y que esperaba que yo estuviera en cabeza de un grupo de gente que pusiéramos fin al incómodo asunto...»

conversación. Antonio quería permanecer ajeno a cualquier investigación que se realizara al respecto, pese a ser consciente de que eso era imposible, pues, queriéndolo o no, ya formaba parte de la sombría historia paralela de las caras de Bélmez.

Segunda: Patraña analítica

El 19 de febrero de 1972, en plena efervescencia nacional del enigma, hacía acto de presencia en la casa número cinco un controvertido personaje, el psicólogo industrial José Luis Jordán Peña, a la cabeza de una supuesta comisión compuesta por especialistas en construcción, pintura, química y fotografía. Según acreditó ante investigadores y curiosos, llegaba enviado directamente por el Ministerio de la Gobernación para descubrir el fraude.

La primera «autoridad» que entró en contacto con Jordán Peña fue don Antonio Molina. El párroco afirmó a su interlocutor que María Gómez le había desvelado que todo era fruto de una supuesta broma entre vecinas; por otro lado, aseguró que las psicofonías en las que se registraban expresiones dramáticas, obtenidas días atrás por Germán de Argumosa, se produjeron gracias a la utilización de un complicado montaje electrónico situado en el interior de un vehículo —concretamente un destartalado Citroën 2CV— a tres kilómetros de la casa.

Con estos antecedentes, el psicólogo industrial creía tener reconstruido la mitad del puzzle y, para él, la solución al misterio no quedaba lejos. Su siguiente paso fue analizar la segunda formación aparecida en la cocina. Finalmente, acabó por convencerse y convencer a los suyos de que dicha faz estaba modelada por un pincel de gruesas cerdas con hollín y vinagre como elementos básicos.

¿Cómo era posible que ni la Brigada de Investigación Criminal ni los anteriores especialistas hubiesen encontrado esos elementos?

Misterio.

El «descubridor del fraude» dejó escrito en diferentes documentos la existencia de tan importante misión oficial, pero no dijo la verdad. La comisión gubernamental jamás existió, como de hecho nos confirmaron los supuestos miembros de la misma años después.

Además, en las actas de la Asociación ERIDANI del 10 de abril de 1972 —que por aquellas fechas presidía el propio Jordán Peña— quedaba reflejado que aquella visita a Bélmez de la Moraleda tan solo «fue una excursión muy interesante y en todo caso los participantes tuvieron la oportunidad de conocerse mejor entre sí». Curiosa forma de calificar a una supuesta representación ministerial. Además no había, tal y como sospechábamos, rastro de los complejos análisis, toma de muestras o microfotografías que deberían acompañar a la documentación.

Sencillamente, no había nada. Quizás un grupo de «amiguetes» que hicieron creer a la opinión pública, en un momento clave, que enviados por los más altos mandatarios del régimen habían resuelto en un par de horas el gran misterio.

El polémico Jordán Peña, haciendo gala de cierto cinismo, nos confirmaba en su domicilio madrileño que lo más interesante fue demostrar la existencia en uno de los rostros de un compuesto químico (cloruro sódico) que, una vez evaporado, dejaba una imagen latente invisible.

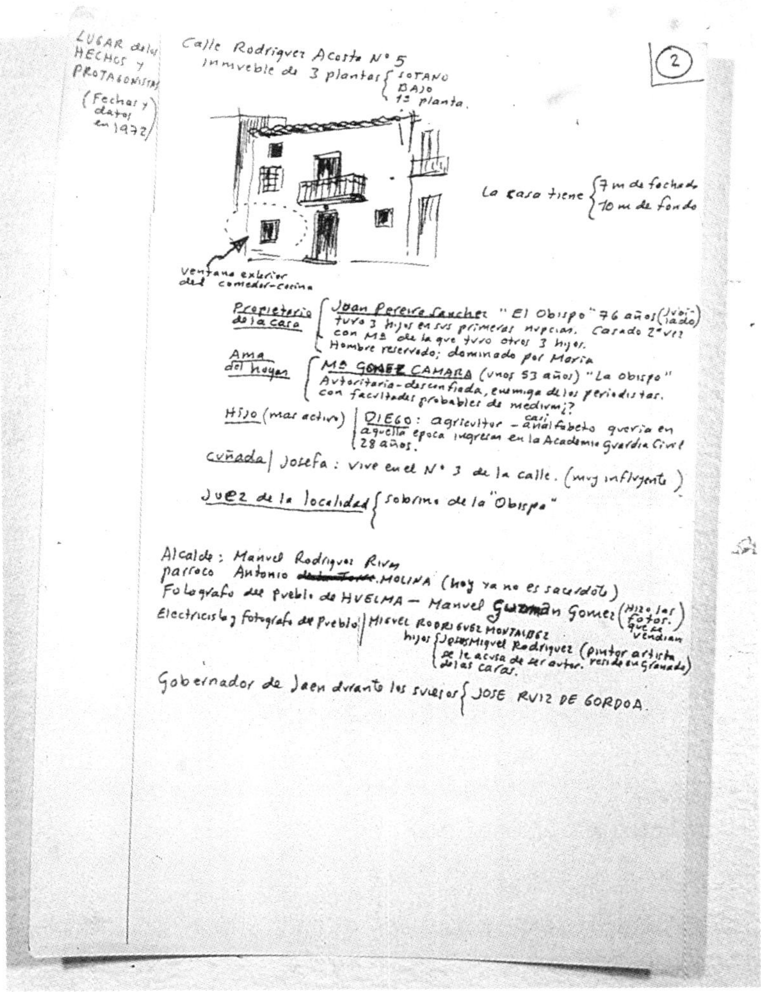
LUGAR de los HECHOS y PROTAGONISTAS (Fechas y datos en 1972)
Calle Rodriguez Acosta Nº 5
inmueble de 3 plantas { SOTANO / BAJO / 1ª planta.
2
La casa tiene { 7 m de fachada / 10 m de fondo
ventana exterior del comedor-cocina
Propietario de la casa { Juan Pereira Sanchez "El Obispo" 76 años (Jubilado) tuvo 3 hijos en sus primeras nupcias. Casado 2ª vez con Mª de la que tuvo otros 3 hijos. Hombre reservado; dominado por Maria
Ama del hogar { Mª GOMEZ CAMARA (unos 53 años) "La obispo" Autoritaria - desconfiada, enemiga de los periodistas. con facultades probables de medium¿?
Hijo (mas activo) | DIEGO: agricultor - casi analfabeto queria en aquella epoca ingresar en la Academia Guardia Civil 28 años.
cuñada | Josefa: vive en el Nº 3 de la calle. (muy influyente)
Juez de la localidad { sobrino de la "Obispa"
Alcalde: Manuel Rodriguez Rivas
parroco Antonio .MOLINA (hoy ya no es sacerdote)
Fotografo del pueblo de HUELMA – Manuel Guzman Gomez (Hizo las fotos. que se vendian)
Electricista y fotografo del pueblo | MIGUEL RODRIGUEZ MONTALBEZ
hijos { Jesus Miguel Rodriguez (pintor artista se le acusa de ser autor de las caras. reside en Granada)
Gobernador de Jaen durante los sucesos { JOSE RUIZ DE GORDOA.

Documento personal de José Luis Jordán Peña —que encabezó una de las comisiones dedicadas a descubrir el presunto fraude—, en el que dibujaba el croquis de la cocina donde aparecían las caras. Quisieron demostrar que eran enviados gubernamentales y que todo era un truco efectuado con hollín y vinagre. Hoy sabemos que esa no fue la verdad.

Gracias a las pesquisas del abogado gaditano Manuel Gómez Ruiz hemos sabido que jamás se pudieron efectuar análisis directos sobre el rostro en cuestión, ya que este fue situado tras el cristal y empotrado en la pared mucho antes de que Jordán y su «comisión fantasma» llegaran hasta allí. El recubrimiento de la faz nunca se movió de allí y nadie pudo manipular la superficie de la imagen.

Aquel «meticuloso análisis» parecía un puro fraude.

Por último, el alcalde Manuel Rodríguez Rivas nos aseguró que de haber existido tal comisión avalada por el Gobierno, el primer paso que debían haber llevado a cabo era la presentación de credenciales ante él, cosa que nunca sucedió...

A una conclusión semejante llegó otra no menos sospechosa comisión, la organizada por el diario *Pueblo* y comandada por el químico Ángel Viñas. Tras descubrir la inexistencia de uranio y radiactividad en la superficie de cemento, la duda se apoderó de aquel grupo de personas con una idea predeterminada: dar a conocer el fraude a toda costa. Algo que con las pruebas en la mano jamás pudieron argumentar. A pesar de todo, el 25 de febrero la bomba informativa recorría España. El periódico madrileño titulaba en su última página: «Se acabó el misterio», plasmando en una célebre crónica del reportero Antonio Casado cómo los rostros eran en realidad pinturas realizadas a base de cloruro y nitrato de plata, sometidos a la luz ultravioleta. Es decir, toscas fotografías en la piedra.

La comisión de Viñas hirió de muerte al fenómeno. Ese día el país entero comulgó con el hallazgo. Nadie se preguntó dónde estaban los análisis, qué pruebas concretas se habían efectuado, bajo qué controles...

Nadie preguntó nada.

Tercera: Intervención directa del Gobierno

Entre los muchos secretos de esta «otra cara de las caras», se encuentra lo ocurrido tan solo unos días antes de la publicación de ese titular histórico que derrumbaba el misterio ante la opinión pública. Una investigación minuciosa efectuada junto al investigador Lorenzo Fernández nos permitió saber cómo, de qué forma y por qué se actuó de aquella forma. Dando la espalda a la verdad.

En aquella semana apretada de acontecimientos, una maniobra estaba siendo orquestada desde las sombras del poder. Pablo Núñez Moto, jefe provincial de Administración Local de Segovia, sería el primero en amenazar directamente a los presuntos encubridores del «truco». En su punto de mira se encontraba Manuel Rodríguez Rivas , receptor de una histórica misiva. En la carta se aludía al expediente número 8.700 abierto por el ministro de la Gobernación, para procesar y proponer su destitución como alcalde de la pequeña villa.

Fue un ataque por escrito que dio de lleno en la línea de flotación de los habitantes de Bélmez. Las palabras «procesado», «considerado persona no apta» o «destituido como alcalde» tenían un sentido más peligroso del que hoy podemos imaginar.

Después aquello llegó, justo a tiempo, la explicación oficial del fraude a través del periódico representante del sindicato vertical.

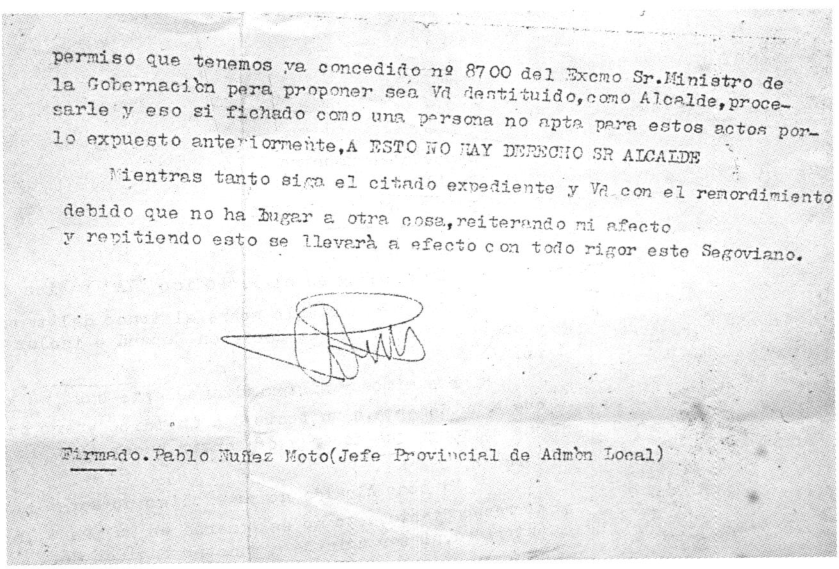

permiso que tenemos ya concedido nº 8700 del Excmo Sr.Ministro de la Gobernaciòn pera proponer sea Vd destituido,como Alcalde,procesarle y eso si fichado como una persona no apta para estos actos por lo expuesto anteriormente,A ESTO NO HAY DERECHO SR ALCALDE

Mientras tanto siga el citado expediente y Vd con el remordimiento debido que no ha lugar a otra cosa,reiterando mi afecto y repitiendo esto se llevarà a efecto con todo rigor este Segoviano.

Firmado.Pablo Nuñez Moto(Jefe Provincial de Admòn Local)

Un documento revelador: El expediente 8700, que contenía sesenta y cuatro firmas del movimiento para procesar y destituir al alcalde por no afirmar públicamente que el tema Bélmez era un fraude.

Manuel Rodríguez Rivas, hombre valiente a carta cabal, se resistió y nunca realizó comunicado alguno inculpando a aquella familia. Unas gentes que él conocía bien y que no creía hubiesen engañado a nadie.

—*El fenómeno está ahí, no es fraude y habrá que investigarlo* —nos repetía una y otra vez, recordando los momentos más duros de su mandato.

Tras el descrédito oficial del caso, sin presentar una sola prueba de los supuestos análisis y exámenes científicos, una densa ola de olvido se ciñó sobre la sierra Magina. El alcalde Rivas respiró tranquilo. Las caras seguían allí, sin gente que las visitase, pero demostrando que no había fraude alguno. Sin embargo, en agosto, alguien no invitado llegaría a Bélmez para saldar viejas cuentas. Y este sí que venía en verdad de parte del Ministerio de la Gobernación.

—*Me llevaron para Madrid, sí. No sabía qué iba a pasar. Imaginaos lo que fue para mí...*

Hacia las cuatro de la tarde, un imponente coche negro entraba en la recoleta plaza del pueblo. Varios vecinos vieron montar en él a Manuel Rodríguez Rivas y se temieron lo peor. El rumor se extendió como la pólvora: el Gobierno se había llevado al alcalde a Madrid para hacerle callar definitivamente. El silencio en torno a todo lo sucedido en aquella obligatoria visita relámpago hasta la capital duró venticinco años, justo hasta nuestra entrevista efectuada en el verano de 1997:

—*Me llamó el ministro Tomás Garicano Goñi* —nos decía el alcalde, mirándose las manos entrelazadas sobre la mesa— *para que fuera al Ministerio de la Gobernación y, sinceramente, me puso entre la espada y la pared.*

»Me preguntó cómo se me había ocurrido montar una cosa de esas. Y es que el Gobierno, ¿a quién iba a echar mano?, pues al alcalde, para enterarse de cómo iba la cosa.

»Yo confesé que ni había montado nada ni sabía nada. Que eso es un fenómeno que está allí y que lo averigüe quien sepa de ello. El ministro me dijo que eso había que cortarlo, pero yo no podía cortar, no podía de-

El ministro de la Gobernación, Tomás Garicano Goñi, fue duro y tajante con el alcalde de Bélmez. Gracias a su labor, el misterio de Bélmez fue ocultado a la opinión pública española.

cirle a la gente que no fuera a mi pueblo. Le dije que él, como autoridad, que pusiera a la Guardia Civil a la entrada del pueblo y que no dejara pasar a nadie. Yo no iba a dar ningún comunicado.

»A eso el ministro respondió, enfurecido: «¡Te vas a enterar Rivas..., te enterarás!»

A estas amenazas del ministro de la Gobernación, y según nos afirmó el alcalde, se unían las llamadas del máximo mandatario de la Iglesia en Jaén: el obispo Antonio Peinado Peinado:

—Sin duda el que más me presionaba era el obispo... Decía que se acabara aquello, que eso no podía ser, que dónde íbamos a llegar.

Hasta ahí llegaba la cosa. Llamadas y órdenes constantes. El obispo creía que yo podía cortar esto; pero yo ya no podía hacer nada...

Venticinco largos años. Durante todo ese tiempo el silencio y la peor de las muertes, el injusto olvido, planeó con su sombra negra por la casa número cinco.

Algo no encajaba en toda esta historia; si España entera creía en el ingenioso y malévolo fraude rural, ¿ cómo era posible que las caras, cada vez más atormentadas y de rasgos más duros, siguiesen aflorando con mayor insistencia?

Daba la sensación de que la fuerza que las impulsara a salir desde su mundo se manifestase furiosa ante la trampa impuesta por una sociedad asustada.

A pesar de lo espectacular de las formaciones, pocos reporteros se acercaban ya hasta aquel lugar estigmatizado.

Y María, viuda y sola, contaba siempre la misma historia, una cantinela repetida miles de veces ante forasteros de todas las razas, y ahora solo a algún viandante perdido por aquellas fronteras entre Jaén y Granada.

—Fue un veintitrés de agosto, estaba cocinando pimientos y de repente dije: «¡Una cara!»...

A pesar de que todos les habían dado la espalda, las efigies continuaban aflorando y mostrando un surtido sobrecogedor de bustos, cuerpos desnudos y formaciones de una calidad «pictórica» mucho mayor que las de sus predecesoras En 1976 y 1980 se produjeron nuevos «rebrotes» que demostraban muy a las claras que «Bélmez seguía plantando cara». Fueron destacables las experiencias realizadas en el lugar por el jienense José Martínez Romero, un investigador que, en compañía de algunos interesados en el asunto, pernoctó muchas noches en la cocina a mediados de los setenta. De aquellas jornadas en vilo quedaron terroríficas experiencias, donde aparecieron objetos parecidos a *guijarros con barro y paja* en la estancia —lo que los especialistas llamarían aportes— e incluso se registraron sobrecogedores efectos en algunas personas al encontrarse junto a los rostros. En concreto fue *La Pava* la figura que más suspicacias y miedo levantó entre los propios investigadores. Una «sensitiva» o vidente que acompañaba al grupo investigador de Martínez Romero aseguró incluso haber notado una fuerte punzada «como un pequeño y doloroso mordisco» en el antebrazo al aproximarse a dicha efigie. Efectivamente, se reprodujo al instante una marca perfectamente visible que correspondía a un mordisco producido muy recientemente.

¿Herida autoproducida por sugestión? ¿Alergia repentina a alguno de los materiales de la casa?

Nadie lo supo.

Con la llegada de la democracia y el soplo de nuevas libertades informativas, algunas revistas se atrevieron a regresar al lugar de los misterios. Y, asombrados, comprobaron que a pesar de lo publicado en su día por la prensa del movimiento, el fenómeno continuaba manifestándose. Una de las formaciones más extrañas fue la llamada *Dama de la Copa*, a quien los periodistas de *Interviú* rebautizaron como «La moza de la horrible mueca», de la impresión que les causó. El final de aquel escrito, redactado en 1980, detallaba perfectamente la situación a la que el fenómeno había llegado sin hacer apenas ruido:

> «Así es. No hay ninguna explicación, ni racional ni mucho menos. Pero nueve años después, en los suelos de la cocina de Juan y María han vuelto a aparecer los rostros, los misteriosos rostros de Bélmez. Apuntamos con la cámara fotográfica como para matar una alucinación. Es inútil. Los rostros siguen allí».

El acta notarial

—Sí, señores, yo fui quien precintó la habitación-cocina de María Gómez, y lo hice con todas las garantías de seguridad, realizándose además un acta paralela a cargo del notario Julián Echeverría y otros dos letrados. Transcurridos tres meses desclausuré el precinto, y lo cierto y verdad es que entre las figuras precedentes y las posteriores había habido variaciones.

»Yo no conozco una técnica de pintura que pueda originar las caras que allí aparecieron. Y he de decirles que, a través del tiempo y estando clausuradas la primera y la segunda cocina, ¡las caras variaban!

Antonio Palacios Luque, ilustre notario de Córdoba, uno de los más prestigiosos de toda Andalucía, accedió a contarnos el gran secreto oculto de esta historia. Sin que nadie lo supiese, se había precintado la habitación, demostrándose que el enigma seguía vivo. Después de aquella larga entrevista mantenida en su despacho, con varias grabadoras sobre la amplia mesa de caoba para dejar constancia del hecho, el señor Palacios jamás ha querido volver a hablar del asunto.

Sin embargo, sus palabras, proclamadas con el tono inconfundible de la verdad y arropadas por los documentos —quizás únicos en la historia de los fenómenos paranormales—, fueron sencillamente históricas:

Antonio Palacios Luque, ilustre notario cordobés, precintó con todas las medidas de seguridad aquella cocina. Al levantarse los sellos se comprobó que había nuevas caras. Para él no hay fraude posible.

—*Durante el precintaje* —prosiguió el notario—, *a mi juicio, allí no pudo entrar nadie hasta que yo procedí al levantamiento del mismo.*

Yo puedo decir a ciencia cierta y con toda seguridad que allí no hubo fraude. Aquello es un fenómeno paranormal, y de eso no me cabe ninguna duda.

Jamás un notario se había expresado de forma tan valiente acerca de un fenómeno parapsicológico. Y guardamos aquellas cintas como oro en paño. Era la muestra evidente de que aquella funesta «operación Tridente», orquestada por Iglesia y Gobierno, había manipulado y solapado unos hechos que quizá se consideraron «peligrosos» para la sociedad de la época.

Manuel Rodríguez, el alcalde, años después nos recordó aquella escena del precintado de la habitación, haciendo hincapié en una sobrecogedora anécdota:

—Yo fui quien llamó a Antonio Palacios por requerimiento del profesor Argumosa. Lo que puedo asegurar es que en aquellas caras hubo cambios. El más impactante, y que nos asustó a todos, fue el de un rostro que, en los tres meses que duró el precintaje, varió la perspectiva. Rotó la posición de la cabeza ciento ochenta grados y el notario salió espantado de allí...

Lógico y normal, pensamos. Probablemente, en un primer impulso, nosotros hubiésemos hecho lo mismo. De hecho, no eran pocas las pesadillas, malos sueños y angustiosas sensaciones que nos habían abordado en la investigación. Esa inquietud peculiar es algo que va pegado a la piel cuando se profundiza en ciertos temas.

En el vecino pueblo de Huelma, a un tiro de piedra de Bélmez de la Moraleda, pudimos conseguir las actas notariales de aquel histórico proceso. Fue una operación dura, laboriosa y arriesgada, en la que intervinieron contactos e informantes que por obligación de la ética periodística no podemos desvelar. Esas fuentes, vitales e imprescindibles para que hoy la verdad salga a flote, lo-

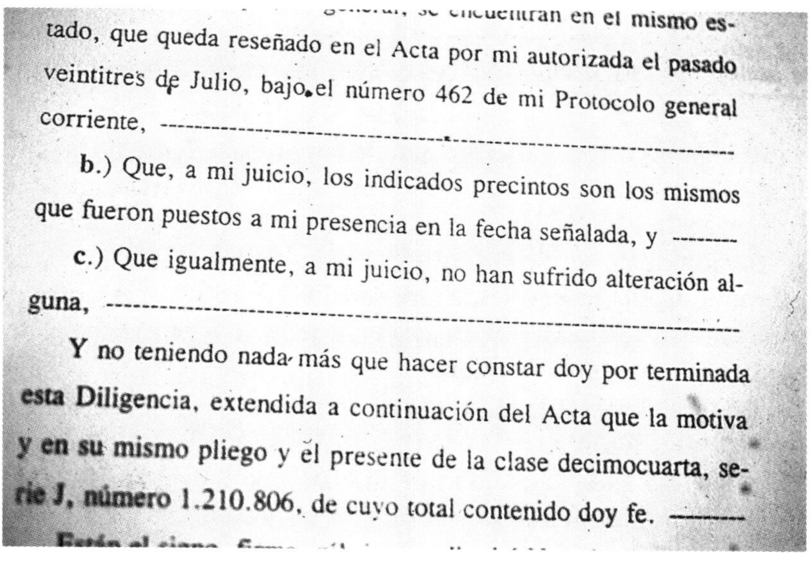

... encuentran en el mismo estado, que queda reseñado en el Acta por mi autorizada el pasado veintitrés de Julio, bajo el número 462 de mi Protocolo general corriente, ---------------------------------------

b.) Que, a mi juicio, los indicados precintos son los mismos que fueron puestos a mi presencia en la fecha señalada, y -------

c.) Que igualmente, a mi juicio, no han sufrido alteración alguna, ---------------------------------------

Y no teniendo nada más que hacer constar doy por terminada esta Diligencia, extendida a continuación del Acta que la motiva y en su mismo pliego y el presente de la clase decimocuarta, serie J, número 1.210.806, de cuyo total contenido doy fe. -------

Una evidencia única en el mundo de un fenómeno paranormal: las actas notariales 00462 y 00467 demostraban que allí nadie violentó los precintos. El fenómeno había variado en condiciones de aislamiento excepcionales.

graron poner en nuestras manos los treinta y dos excepcionales documentos que conformaban las actas del precintado de la ya mítica casa de las caras.

Las actas 00462 y 00467 de la notaría de Huelma, referidas a la clausura de la casa número cinco de la calle de Rodríguez Acosta, por parte de los ilustres notarios, describían las normas de alta seguridad empleadas para tal fin: sellos con dígitos especiales solo conocidos por el notario, planchas de plomo y acero taponando cualquier acceso a la habitación, panel plástico dividiendo en recuadros la superficie de cemento...

Los documentos, únicos en su especie, reafirmaban con firmas de los notarios cómo no se había violentado ninguno de los precintos.

Sean lo que fueren las caras de Bélmez, no parecían un truco sencillo. La misteriosa fuerza que las originaba había seguido actuando a pesar de hallarse en un búnker durante tres meses.

Y esto ocurría con total cautela, mientras miles de personas creían a pies juntillas la teoría del fraude con sales de plata, hollín, vinagre y demás zarandajas.

Antonio Casado: Así se acabó con las caras de Bélmez

Toda la investigación acerca de la «operación Tridente» —que algunos desinformados aún en plenos años noventa siguieron afirmando que no existió— no tendría colofón y auténtica demostración de no ser por la entrevista que pudimos mantener con Antonio Casado. Sí, el célebre reportero del diario *Pueblo,* autor de aquel sonoro «Se acabó el misterio», que hirió de muerte y para siempre al fenómeno de Bélmez.

Hombre clave de la transición a través de la dirección del informativo radiofónico más escuchado de esa convulsa época, *España a las ocho,* y en la actualidad analista político en radio y televisión, además de redactor jefe de la revista *Tiempo,* Casado acudió con nosotros a un programa nocturno de Radio Nacional de España dirigido por el colega Paco Pérez Abellán. Allí, ante la atenta observación de Carmen Porter y sin miramientos ante la oportunidad, sacamos a la palestra voces, documentos y datos sobre la «operación Tridente». Era ya hora de saber cómo y por qué la prensa mintió a la opinión pública.

Lo que no esperábamos, y menos a micrófono abierto, fue la declaración de intenciones de nuestro interlocutor:

—Ahora me casan muchas historias y datos en torno a lo que de verdad ocurrió.

Días más tarde se produjo una entrevista que nunca podremos olvidar. La confirmación, punto por punto, de nuestras sospechas. La muestra de que no estábamos equivocados.

—Entonces, Antonio, nos dices que a ti te dieron una orden para acabar con aquel fenómeno surgido en una cocina de Jaén para el que de momento no había una explicación satisfactoria...

—A mí se me dice simplemente que hay que acabar con aquello. No se me dan más explicaciones. Ni tampoco yo las pido, ya que son consabidas. Me refiero al hecho cierto de que se había creado un clima que rayaba en la «histeria colectiva» a nivel nacional. Y comenzaba a haber serio peligro de alteración del orden público. Y esa es la razón por la que se decide pararlo. Y lo decide quien puede hacerlo, un poder piramidalizado como era la Dictadura, en la figura del ministro de Gobernación con orden directa o recibida del mismo Franco. Y tampoco quiero dramatizar, muchas veces no hacía falta ni siquiera dar órdenes, fue una llamada al director del periódico, Emilio Romero, diciendo: «Esto hay que pararlo».

—Intentemos retroceder en el tiempo. ¿Recuerdas cómo fue aquella conversación?

—Yo no puedo decir que fuese una víctima del franquismo. No se puede afirmar tajantemente que las cosas se hicieran así constantemente, aunque es muy probable que se hicieran así constantemente —sonríe y apura la copa del vino que compartimos en la frugal comida en pleno centro de Madrid.

»Lo cierto —prosigue con voz grave— *es que una mañana me llama a su despacho Emilio Romero y me dice: «Oye Antonio, esto in-*

formativamente está muy bien y periodísticamente hemos dado un gran pelotazo..., pero hay que pararlo porque se ha convertido en todo un problema de orden público».

—¿Y qué acordasteis en aquella reunión en febrero de 1972?

—Le dije al director que yo podía tener explicaciones o hipótesis para defender que aquello podía ser un caso de índole parapsicológica, y también podía haber argumentos para considerar que allí podía haber fraude. La cuestión era tirar por uno de los dos lados... Aunque no había nada comprobado.

—Y se te ordenó ir por el lado del fraude...

—Sí. Se me dijo que optara directamente por el fraude. Y así, me vi obligado a sacar a la luz algunas pruebas que en esa línea yo había ido acumulando, sobre todo las realizadas con el químico Ángel Viñas, que hizo unas «caras» con nitrato y cloruro de plata sometidas a la acción solar. Así articulamos, más o menos, todas aquellas sospechas y salió lo que salió. Una cosa que se publicó bajo el título «Se acabó el misterio».

Antonio nos alarga una de esas imágenes históricas de la «recreación» de las caras a base de sales de plata. Apuntado, en un margen de la hoja ya sepia por el paso del tiempo cerrada en el archivo, la fórmula del fraude: dos unidades de cloruro y nitrato de plata más luz ultravioleta.

—Pero tú sabes que no todo estaba explicado...

—Claro. Si por mí hubiera sido, yo hubiera continuado con lo otro, con la otra línea de investigación. Pero, simplemente, porque era lo que estaba aumentando la venta de periódicos. Bueno, que quede claro que yo no fui consciente de estar haciendo un fraude periodístico, en el sentido de que podía argumentarse lo uno y lo otro. Yo podía haber seguido y limitarme a seguir contando cosas que ocurrían, como aquellas psicofonías que se produjeron delante de mí.

—¿Y en cuanto a las caras?

—En cuanto a las caras, sinceramente, no tengo la certeza de que su explicación fuese conocida. No sé todavía a qué carta quedarme.

Gritos, chillidos...

—Según nos has confesado, fuiste testigo de voces misteriosas en aquel lugar. ¿Viviste hechos que se salían de lo común en aquella casa?

—Sí. Recuerdo perfectamente un grito estremecedor que se correspondía por su registro al de un bebé, al de un niño pequeño. Surgió allí, delante de todos. Aquello se grabó en mi presencia en cinta virgen. En presencia también de cuatro o cinco personas que estábamos allí. Recuerdo a mi amigo Juan Plá. Éramos absolutamente escépticos y ante todos se grabó aquello. Era la voz desgarradora de un niño que te ponía los pelos de punta.

—O sea, que el equipo que luego acabó con el misterio tuvo una experiencia sobrecogedora con las psicofonías. ¿Recuerdas si había algún mensaje en aquellas voces?

—No, solamente gritos. Gritos desgarradores, desconsolados. Chillidos muy agudos... Yo he trabajado muchos años en radio y sé perfectamente cómo entran los sonidos en una cinta magnetofónica. Difícilmente aquella voz se pudo meter allí sin que la hubiéramos oído nosotros. ¡Aquello era una voz clarísima y muy alta! ¡Llegaba a romper las agujas de intensidad del magnetófono!

Los decibelios eran muchos. Algo muy agudo..., nada de algo de fondo. Aquello estaba allí, eso lo comprobé yo.

—Aquello no era ningún fraude... ¿Sentiste miedo a pesar de tu talante escéptico?

—No tengo ninguna duda de que esto no era ningún fraude. Sentí miedo si se interpreta el miedo como el vértigo o el pánico ante lo que no conocemos..., el terror y la inseguridad ante lo desconocido.

—De aquellos rostros que para ti ya son recuerdo, ¿alguno se te quedó marcado de manera especial?

—*¡Hombre, claro! ¡El del* Valle-Inclán! *La figura que «hicimos famosa» el equipo de* Pueblo investiga. *Aquel rostro, te lo aseguro, era muy difícil de hacer. La más inquietante, sin duda, era aquel Cristo em-*

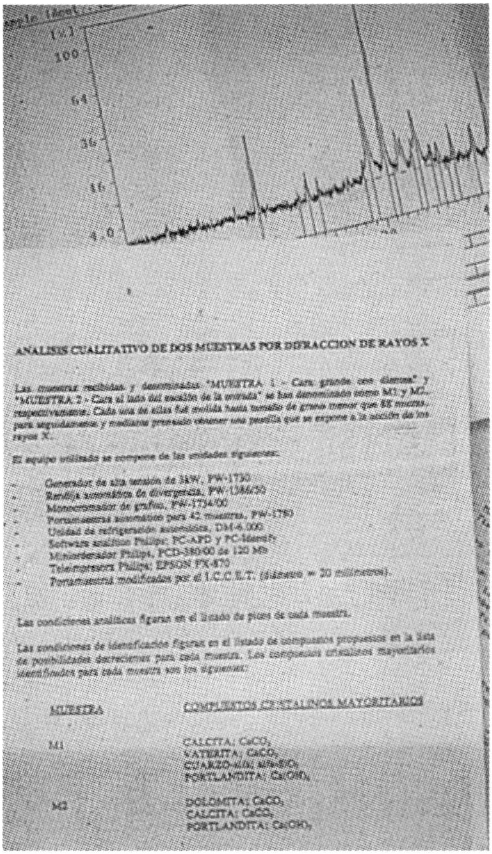

Los informes del CSIC —Consejo Superior de Investigaciones Científicas—, elaborados entre 1990 y 1995 en base a distintas muestras entregadas por el físico Lorenzo Plaza al Instituto de Cerámica y Vídrio, demostraron que toda la teoría de las sales de plata era una patraña que sirvió para acabar con el misterio en 1972.

potrado en la hornacina con bigote o dos hilillos de sangre brotando por la nariz y que coincidía con la efigie de la Santa Faz que se custodia en la catedral de Jaén.

—¿Hubo algo que te impresionara en aquel lugar además de las caras y las psicofonías?

—El rostro de María Gómez Cámara, sin duda. El rostro inquietante, perturbador, que me producía cierta desazón, cierto desasosiego. Tenía un punto misterioso. Y también la ubicación y los antecedentes de aquella casa, su alineación topográfica con el cementerio del pueblo. Tenía la sensación de estar en un lugar mágico.

—¿Eras consciente de la que estabas «montando» y de la repercusión nacional que tus reportajes estaban teniendo?

—En aquel momento, no. Yo era muy joven. Sabía que Pueblo *estaba llegando a vender cincuenta mil ejemplares diarios más por mis reportajes de las caras. Pero yo no tenía tiempo de nada, estaba allí metido en la vorágine, viviendo todo en directo y apenas me enteraba de nada. Luego sí he sido consciente del tremendo impacto social de aquellos escritos míos en todo el país. Aquello es digno de estudio, España atravesaba un largo sosiego que se prolongó hasta el asesinato de Carrero en mil novecientos setenta y tres. Fueron dos años de calma, de la calma tensa que precede a la tormenta. Y en esa época tranquila de la dictadura surge lo de Bélmez, cuando la gente solo hablaba de fútbol, folclóricas o sucesos.*

—Por cierto, además de la tajante orden del director de *Pueblo*, Emilio Romero, ¿nadie más te presionó?

—No. Pero había una especie de guerra civil en todo el país entre los partidarios de la hipótesis del fraude y los que abogaban por la verdad del asunto. Eso sí fue impresionante. Aquello era bonito, divertido, entusiasmante, mágico y misterioso.

Hubiese seguido investigando

Los reportajes de Antonio Casado anunciando día a día las evoluciones y sucesos en «La casa de las Caras» se convirtieron en un fenómeno sobre el que incluso se realizó una tesis doctoral al respecto. Hablando de aquel trabajo de Manuel Martín Serrano, titulado *Sociología del Milagro*, nuestra conversación entra de lleno en la magia irrepetible de aquellos días de reporterismo...

—¿Qué hubiese pasado si no te llegan a dar la orden de cortar con el asunto?

—Amigos, yo hubiese seguido hasta el infinito. ¡Claro que hubiese continuado con la investigación! Yo tenía mucho material..., ese material que ponía a la gente la piel de gallina. No solo de las propias caras, sino del contexto ambiental y social que surgió en torno a ellas y al hervidero humano heterodoxo que allí se concentró en aquellos días inolvidables.

Surgió también una mezcolanza con todo tipo de personajes extravagantes que se dirigían a mí dándome todas las explicaciones. Yo, simplemente, querría haber seguido contando como periodista...

—¿Aquella fue la noticia más insólita que tú has dado jamás?

—Sí, la más extraña, sí. Sin duda, es lo que más repercusión tuvo de todo lo que yo he hecho. Es imposible que vuelva a haber un asunto de ese impacto nacional. Ahora cualquier noticia, por fuerte que sea, su eco dura veinticuatro horas como mucho. Yo hice quince reportajes sobre las caras de Bélmez, día a día... Aquello era otra historia. Nada podrá volver a ser igual.

—¿Aquel mundo de las caras de Bélmez en mil novecientos setenta y dos era oscuro?

—Sí, sin lugar a dudas. Aquello te produce temor e inseguridad. No tienes nada claro. No puedes poner la mano en el fuego de que aquello era un fraude. Y esa sensación, desde luego, refleja un mundo negativo.

—¿No te hubiera gustado haber podido seguir hasta el fondo de aquel asunto?

—Sí, porque profesionalmente habría supuesto una gran experiencia. Aprendí un montón de cosas. Fue, probablemente, lo más divertido y apasionante que he hecho en mi vida dentro del mundo del periodismo.

—¿Más incluso que todos los conflictos políticos y sociales de estas tres décadas?

—Aquello —nos dice con una mirada que transmite emoción y melancolía a un mismo tiempo— *fue lo más apasionante que yo he hecho, os lo confieso. Porque era muy de verdad todo. Yo estaba muy motivado... Ahora, hoy, en el tema de la política es todo falso. Nada que ver. Aquello era el suceso, el milagro en directo, y tiene el valor de que lo que yo escribía era tal y como ocurrían las cosas hasta que tuve que cortar. Yo escribía algo en estado puro hasta entonces..., no como en el mundo político, todo falso, prefabricado.*

—Entonces, en el mundo político, sí que hay muchos «caras de Bélmez».

—Bastantes —sonríe—, *y ellos sí que son fraudes.*

Capítulo 12

Lo que dicen las voces

«Isabel», grabación de 1972.
«Miguel«, grabación de 1996.
«Fallecieron todos», grabación de 2002.

«¡Fallecieron todos!»

JOAQUÍN ABENZA ingeniero informático superior, se quedó de piedra. Era la primera vez que acudía a la casa de las caras y había procedido a realizar un experimento psicofónico. Grabador, micro, silencio..., y aquella frase.

Ocurrió el 6 de diciembre de 2002, dos meses antes de que comenzasen nuestras primeras investigaciones sobre la conexión con los hechos del santuario de la Virgen de la Cabeza y se emitiese el programa de Ricard Bru en Canal Sur.

El propio Abenza se había puesto en contacto con nosotros antes de las Navidades, informándonos de la inusual fuerza y cantidad de la nueva cosecha de voces grabadas en aquella jornada.

Lo más inquietante es que todas ellas podían tener conexión con nuestra investigación.

«¡Ahí están todos!»

¿A quién se estaban refiriendo esos lamentos? ¿Qué lugar se estaba marcando? ¿El subsuelo de la cocina de Bélmez? ¿El cementerio de las Tumbas sin nombre?

«¡Justicia!»

Las voces fuertes de un varón, mujer y coros infantiles —idéntico plantel sonoro obtenido en muchas otras ocasiones— arreciaron durante los minutos de registro magnetofónico:

—*¡María quiero salir!*, parece que suplica alguien atrapado para siempre en las partículas magnéticas de la grabación.

El voluntarioso investigador murciano nos llamó aterrorizado. Había leído el breve adelanto de nuestras investigaciones en la revista *Más Allá* en abril de 2003 y nos quería hacer partícipes de al-

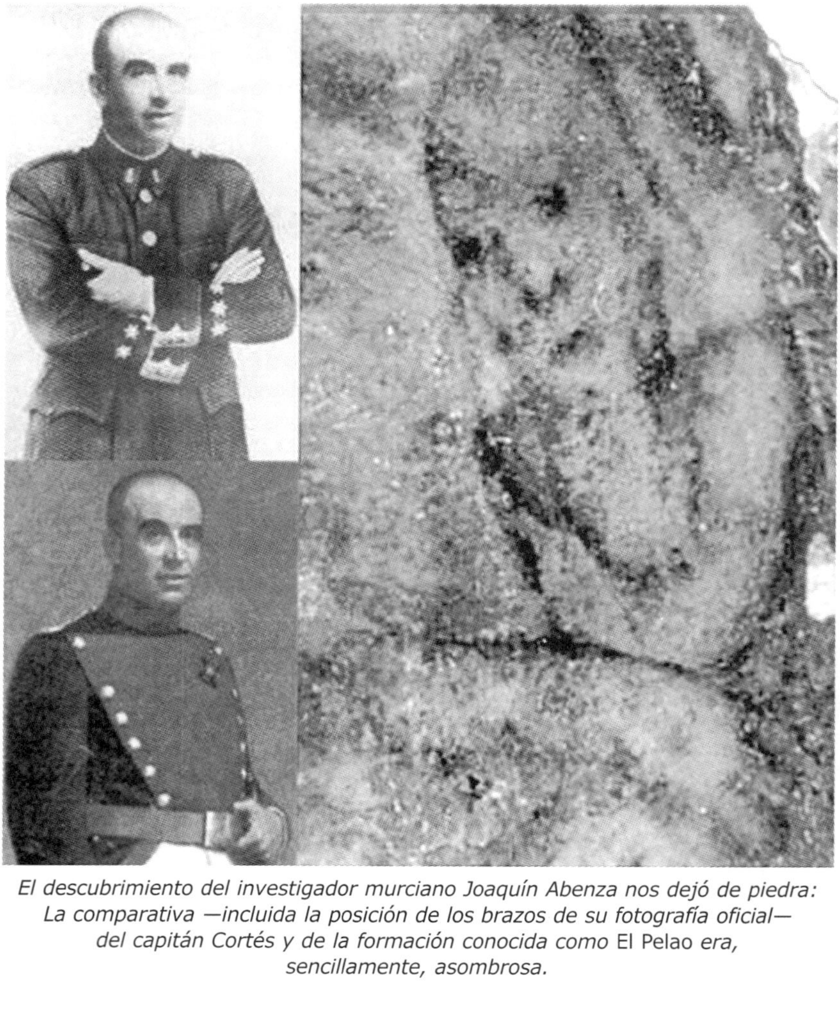

El descubrimiento del investigador murciano Joaquín Abenza nos dejó de piedra: La comparativa —incluida la posición de los brazos de su fotografía oficial— del capitán Cortés y de la formación conocida como El Pelao *era, sencillamente, asombrosa.*

go que le había impresionado tremendamente. Junto a una figura calva que desde 1975 permanece arrancada bajo la vieja chimenea de la casa y que fue bautizada como *El Pelao*, surgió una voz susurrante que decía lo siguiente siempre según la hipótesis de Joaquin Abenza:

«*Santiago...* El Pelao»

En un principio esta posible inclusión no supo cómo interpretarla; sin embargo, cuando leyó nuestro artículo y supo del terrible asedio al santuario de la Virgen de la Cabeza, le cupieron, según nos afirmó nervioso, pocas dudas: ¡Aquel podía ser el capitán Santiago Cortés!

Acto seguido nos remitió una asombrosa comparativa que nos dejó petrificados. Su teoría, real o no, se veía reforzada por la similitud de los rasgos de Cortés con la efigie. Hasta la posición de los brazos de una de las fotos oficiales de Cortés coincidía con aquella teleplastia. La cabeza rasa, la nariz ganchuda..., para Abenza no había dudas.

Y a nosotros se nos seguían acumulando todas las del mundo.

Palabras en la nada

La historia no es nueva. En muchas ocasiones las «voces acompañantes», sobre todo la de una mujer quejumbrosa ha surgido en infinidad de ocasiones desde 1971 tras alguna exclamación o palabra de María Gómez Cámara. No son psicofonías al uso, sino introducciones repentinas que parecen contestar a contenidos que en ese momento está expresando la dueña de la casa.

En 1991 el investigador Lorenzo Fernández charlaba con ella, con las preguntas clásicas tantas veces formuladas. En un momento dado se dirigió a la puerta de entrada a la cocina y preguntó por el lacre que el notario en su día puso en ese lugar. María Gómez, sentada siempre y con las piernas bajo la mesa camilla, le reprochó con un «¿Vas a hacer levantarme? Acto seguido, apenas transcurrido un segundo, un vocablo poderoso y terrible a la vez como gritado por una mujer que está sufriendo, surge:

—*¡Ayúdame por favor!*

Algo parecido ocurrió en aquellos primeros años. Pilar Salcedo, periodista de Radio Nacional, hablaba con María tranquilamente. Las bobinas del grabador, mientras tanto, captaban ese ambiente que muchos ven fantasmagórico y otros, sin embargo, caja de resonancia natural. Casi al final de la entrevista, una pregunta de rigor:

—María, ¿en qué fecha surgió la primera cara?

—*No sé, ya no me acuerdo* —responde con desgana la mujer.

Eso es lo que se dijeron. Ni más ni menos. Nadie oyó otra cosa. En el regreso a Madrid, con espanto, Salcedo comprobó presionando frenéticamente las teclas de *rewind* y *forward* de aquel magnetófono extranjero como algo inaudible se aparecía justo en ese momento de conversación. Era otra voz. Y sintió el mismo miedo, la misma sensación como de frío por todo el cuerpo, que invade a todos los que hemos experimentado en aquella casa:

«¡Tú sí lo sabes!»

Eso decía enérgicamente una voz de nadie.

Muchos años después, ya casi rozando el tercer milenio y con medios digitales que eliminan cualquier molesto sonido de fondo o de motores de los aparatos, María se lamentaba en uno de estos experimentos:

—*El porqué habrán venío aquí a mi casa!* –exclamo textualmente.

En milésimas de segundo, con la misma cadencia, tono y timbre, alguien imposible de identificar decía *¡Es un abuso!*

Las técnicas y formas del proceder psicofónico han variado notablemente con el paso del tiempo. Treinta años son un abismo en este sentido. Hoy, con grabadores portátiles de *mini-disc*, análisis simultáneo por ordenador o micrófonos digitales de alta sensibilidad, deberíamos encontrarnos más cerca de comprender el significado y procedencia de esas inclusiones aparente mente paranormales.

Sin embargo, parece que el enigma sigue igual de insondable que en el mismo instante en el que nació.

Estudiosos como el argentino Carlos Fernández aseguran que en la desolada Siberia Central en los años veinte, con rudimentarios prototipos para la obtención de sonidos de la naturaleza, se obtuvieron los primeros cánticos y lamentos del otro lado.

Oficialmente admitido está, sin embargo, que fue Friedich Jurgenson, afamado documentalista sueco, quien acabó atormentadamente su existencia convencido del posible «nexo comunicacional» entre este y el otro lado del que se suponía emergían esas voces.

Ocurrió con muchos investigadores del fenómeno, acabaron siendo absorbidos por el, devorados lentamente hasta el delirio, encerrados en sus laboratorios entre miles de cintas, bovinas y casetes, convencidos de lo fundamental de encontrar esa nueva forma de comunicación.

Pero, a nivel demostrativo, parece que absolutamente nada han logrado hasta el momento. El misterio de esas voces sigue siendo tan caprichoso que no se puede determinar con precisión –tal y como demanda el método científico- el momento y la intensidad con la que aparecerán.

Jurgenson acudió a grabar a un bosque cerca de su vivienda. Intentaba captar el sonido del canto del pinzón para incluirlo en el documental que estaba produciendo. Al escuchar tranquilamente y con cascos aquella cinta notó que alguien, muy de fondo le hablaba al micro. Extremó las precauciones y desprecintó nuevas bobinas. Con algo de inquietud se dirigió al mismo enclave, solitario sin un alma en kilómetros a la redonda.

—¡Friedel, Friedel, mi pequeño Friedel!

Pasó adelante el reproductor como si quisiera olvidar una pesadilla...hundió el *play* y volvieron a escucharse los sonidos del bosque, los pájaros, el ligero viento...y de pronto de nuevo aquella mujer, cada vez más cerca del micro

—Friedel... ¿puedes oírme?

Hombres como Friedich Jurgenson o Konstantin Raudive dedicaron su vida a intentar esclarecer el enigma de las «voces sin rostro» grabadas en cinta magnetofónica. A pesar de su profunda obsesión por descubrir las causas que las originaban, no lograron explicar el fenómeno. El enigma sigue tan vivo como en sus inicios.

No le cabían dudas. Aquella era la voz de su madre. La habría distinguido entre todas las del mundo.

Pero ella llevaba varios años muerta.

Investigaciones del siglo XXI

Cuentan en ciertos mentideros —y no faltan argumentos para afirmar la certeza de tal afirmación— que Germán Argumosa y Valdés acabó abandonando la investigación de Bélmez al sentir cierto respeto hacia el fenómeno que allí se producía.

Es incomprensible que después de llevar allí a los mejores especialistas europeos, financiar obras de construcción efectuadas, realizar todos los requisitos para el precintado notarial, pelearse durante meses con los detractores del caso o pasar cientos de horas ininterrumpidas de análisis y examen en aquella cocina se marchase de allí en total silencio, apenas balbuceando- cosa que ha mantenido hasta su retiro- que «como demostramos que aquello era paranormal ya no había nada que investigar».

Aguantó —corajudo como es— estoicamente los envites de los jerifaltes del antiguo régimen que querían derribarlo a toda costa. Parecía que estaba ante el caso soñado por cualquier buscador del misterio. Poco antes de poner pies en polvorosa, una noche fría de febrero, dejó a oscuras la pequeña habitación donde surgían las caras. A *La Pava* la tapó con papel de estaño y lanzó varias fotografías con trípode. De allí, justo del recuadro que ocupaba el rostro, surgía diapositiva a diapositiva un ser que no podemos calificar más que de demoníaco. Algo horrendo, tocado con una especie de gorro y la nariz redonda. Parecía un payaso infernal.

Otra de las tomas recogía un halo de luz en el techo, por encima de la cabeza de uno de los presentes. Ese trazo que nadie vio acababa en un pie. Un pie de niño.

Sobre estas imágenes se especuló mucho y se llegó a decir —o llegaron a decir los desinformados de siempre— que nunca existieron.

En el recóndito estudio de Germán de Argumosa, en un populoso barrio del sur de Madrid, pudimos ver esas tomas. Y nos dejaron, lo admitimos, con un amargo sabor. Mitad incomprensión y mitad sorda e inconfundible inquietud.

Desde Germán pocos estudiosos han arribado a Bélmez para centrarse exclusivamente en la obtención de nuevas voces. Pedro Amorós encarnaría perfectamente el ejemplo solitario de «investigador» psicofónico del siglo XXI. Ingeniero informático de profesión, dispone de medios técnicos que no están al alcance de ninguno de los compañeros que con más voluntad que otra cosa indaga en este campo tan escurridizo.

Una tarde, experimentando con la técnica de la búsqueda de una pregunta-respuesta coherente, le hizo preguntar a María si eran de alguien esas caras que ahí aparecían. De frente, *La Pava*, el epicentro de este misterio. En la grabación suena fuerte y decidida la cuestión planteada por la ya viuda y solitaria mujer. Después, tenuemente, aparece un nombre. Quizá una clave:

—*¡Miguel!*

Algunos, quizá con las prisas, creyeron que esa identidad correspondía a su marido, que siempre se llamó sin embargo Juan Pereira Sánchez.

Estaban desencaminados; Miguel era otra persona; concretamente su cuñado, de apellidos Chamorro Sánchez, enterrado a las faldas del Santuario de la Virgen de la Cabeza.

Pedro Amorós ha conseguido algunas de las psicofonías más interesantes en la casa número cinco. Algunas, como ocurría con las recientísimas de Abenza, podrían reinterpretarse a tenor de los resultados de nuestra investigación. Es por eso que acudimos a él, con el objetivo de saber más en torno al contenido de esos mensajes que el pacientemente ha ido grabando con avanzados medios a lo largo de la última década:

—Pedro, ¿cuándo se inició la primera investigación en Bélmez y cuáles fueron los resultados?

—Fue un 5 de Abril de 1996, me acompañaban J. J. Requena, Antonio García y Manuel Capella, investigadores del S.E.I.P. (Sociedad Española de Investigaciones Parapsicológicas).

Realizamos un amplio documental fotográfico con películas de diversas características. Filmamos con vídeo y con película sensible al infrarrojo todas las apariciones de los rostros e imágenes que se mostraban en el suelo de la cocina y del pasillo de entrada a la vivienda. Pudimos contabilizar en total más de quince imágenes; hoy sobreviven apenas siete, en las dependencias antes mencionadas.

—¿Los diversos aparatos que llevabas demostraron la existencia de demasiada humedad, corrientes subterráneas o zonas huecas que quizá explicasen el fenómeno de las voces?

—Se procedió a analizar la humedad del suelo y se pudo comprobar que bajo condiciones normales posee un índice superior al ochenta por ciento. Uno de los motivos por los cuales creo que las teleplástias toman una intensidad superior al del resto de otras formaciones que aparecen en otros lugares, es esta excesiva humedad en combinación con algunos materiales o elementos que forman parte del suelo de la casa. Lo más curioso es que cuando las imágenes se humedecen, toman una coloración más oscura, que las hace sobresaltar del fondo de cemento.

—¿Existe algún tipo de campo electromagnético inusual en ese lugar?

—Ese día en concreto existía un factor de radiación inferior a 15 Rem/hora, una medida normal y corriente. La humedad, se disparaba de

una manera asombrosa. La temperatura rondaba los 11°C en el interior de la cocina. Se estableció un sistema para evitar el ruido que procedía del exterior anulando el mismo de una forma muy sencilla. Y el nivel de campos electromagnéticos era completamente nulo, quizás dado el extremado grosor de las paredes de la casa.

—¿Y María? ¿Le realizasteis algún examen especial?

—*A pesar de someterla al uso de un polígrafo (detector de mentiras) y aun sabiendo que no es fiable al cien por cien, se pudieron corroborar muchas de las preguntas que se le hacían con respecto a la formación de las caras y su misteriosa aparición.*

—¿Qué material empleasteis para la obtención de psicofonías?

—*Se dispusieron un total de tres magnetófonos. El numerado como «uno», era el que iba recogiendo todas las conversaciones de fondo de manera que en caso de inclusión psicofónica, poder corroborar que no se trata de un simple ruido producido por un agente externo. El segundo magnetofón se encontraba escondido y ninguno de los asistentes tenía conocimiento del mismo. Este trataría de identificar posibles fraudes por parte de alguno de los presentes a la investigación. Por último, el denominado como «tres», era el aparato con el que se realizaban las experiencias de transcomunicación y su posterior análisis psicofónico. El primer aparato se colocó junto a la llamada* La Pava.

El segundo se encontraba en el interior de mi maleta de investigación y el tercero estaba situado en la mesa junto a María y a mi; habiendo colocado el micrófono próximo a la teleplástia de conocida como El Pelao...

«¡Matar a él!»

—¿Recuerdas tu primera grabación?

—*Tras una primera valoración del estudio de la cinta master utilizada en el aparato numero tres, se detectaron más de veinte claras psicofonías de gran trascendencia . Y a éstas iban ligadas un sinfín de debilitadas vocecillas. Conforme se fueron realizando exámenes de la cinta mas-*

ter, se detectaron nuevas entradas, por ello digo que dejo abierto el caso de investigación psicofónica, ya que la última palabra en cuanto al análisis está todavía por dar. Como ejemplo de alguna grabación podríamos citar una clara voz de mujer que dice claramente: «¡Ángela! »

La verdad es que en el lugar no había nadie que se llamara así, pero María recordó que una antepasada de ella se llamaba Ángela.

—Con este dato miramos rápidamente en la lista de los llamados «mártires del Santuario de la Cabeza» y observamos que, junto a la familia Chamorro, murieron en circunstancias igual de trágicas Ángeles Villen España, siendo herida de gravedad Ángela Capos Lillo.

—Hubo algunas que parecían amenazantes, ¿no?

—Una profunda voz de hombre nos dijo: «¡Matar a yei!» —la mayoría de personas que han escuchado esta impactante inclusión aseguran con rotundidad que el verdadero mensaje es «matar a él»—, y debo decir que tampoco había nadie que se llamara Yei o algo parecido.

Pedro Amorós ha sido uno de los más prolíficos investigadores del tema psicofónico en nuestro país. Utilizando material muy sofisticado y relacionado con su profesión de ingeniero informático, ha logrado inclusiones de voces tan impactantes como aquella que decía: «¡Matar a él!».

Nada más iniciar el proceso de grabaciones por la tarde del sábado, una voz de hombre se presentó diciendo: «¡Maoni!», y a continuación una titubeante y desgarrada voz de niña replicó con claridad extrema: «¡Mamaaaa...!», la verdad es que esta última psicofonía sí nos puso los pelos de punta y nos estremeció. Y aún lo sigue haciendo.

—¿Participó María en la experiencia?

—*Sí, claro. A continuación, María preguntó: ¿Os gusta mi compañía? A lo cual respondieron en la cinta de una manera inmediata; «Sí»..., con voz masculina.*

Al mismo tiempo otro investigador preguntaba: ¿Quiénes son los que han formado estás imágenes en el suelo?

La respuesta vino dada por otra voz que exclamó perfectamente «¡Una pena!».

—Una respuesta que parece referente a un hecho desagradable del pasado...

—*Poco después pregunté que si en aquel lugar había algún «ente» o ser invisible y se me respondió de una manera que no me lo esperaba..., una fina vocecilla femenina replicó: «¡Almas hay!»*

—Tremendo. ¿Y qué tipo de aparatos técnicos habéis utilizado en vuestras grabaciones en Bélmez para eliminar posibles interferencias o sonidos del exterior?

—*Una larga lista..., ordenadores especializados en tratamiento de sonido, magnetófonos de bobina abierta, grabadores convencionales, analizadores espectrométricos sonoros, grabadores digitales, micrófonos de hasta veinte mil herzios, sensores de infrarrojos, cámaras de vigilancia, cámaras fotográficas, un polígrafo, escanners de imagen, microscopios; iluminación ultravioleta, infrarroja y polarizada; medidores de campos electromagnéticos, sensores sísmicos y de radiación X, Gamma...*

—Y después de todo esto..., ¿cuál es tu teoría? ¿Por qué salen esas rostros en el cemento? ¿De dónde provienen esas voces? ¿Qué tiene que ver María?

—*A pesar de que nos movemos en un mundo de hipótesis, siempre me gusta explicar esta cuestión con un ejemplo: Para poder pintar un cuadro se necesitan algunos elementos indispensables como es el lienzo, la pintura y el pincel. Situados en Bélmez, el lienzo sería el suelo de la casa, la pintura sería la humedad del subsuelo y el pincel sería María Gómez Cámara. A pesar de que nos queda por aclarar la duda de «quién es el que mueve el pincel».*

Creo de alguna forma que cuando a María se le estimula con el aumento de visitas a la casa, el fenómeno se reactiva y vuelven a parecer trazos e incluso imágenes...

La conclusión es obvia, se trataría de un fénómeno paranormal interrelacionado entre María, la humedad y el suelo, donde María es el potencial psíquico que actúa como catalizador de las manifestaciones. A pesar de todo la respuesta, y aunque nos duela decirlo, la encontraremos cuando la dueña de la casa falte de este mundo...

—Por cierto..., ¿estaba María siempre presente en esas grabaciones?

—*Sí, ella siempre estuvo en los procesos de investigación.*

Capítulo 13

¡Son ellos!

¡Son ellos!

[Sentencia de Isabel Chamorro, única superviviente de la familia, al ver el informe comparativo de las caras de Bélmez.]

JOSÉ MANUEL SÁNCHEZ, comisario del distrito Centro de Madrid, considerado maestro de muchos policías de este país y de la Interpol, se muestra muy impactado al ver las comparativas de las imágenes. Las examina con cuidado y con el recuerdo vivo de alguien que con otros compañeros estuvo en Bélmez analizando detenidamente caras...

—*Es tremenda esta, la del padre..., ¡impresionante!*

Recuerda su encuentro con *La Pava* perfectamente. Y es categórico; allí no había fraude. Ahora, la conexión entre el drama del Santuario de la Virgen de la Cabeza y las caras de Bélmez que le anunciamos durante la emisión del programa de sucesos *Código Rojo*, dirigido por nuestro buen amigo y compañero en las tareas informativas Javier Manzano, le deja helado. Para él hay algo mucho más que casual en esa posible relación entre la difunta familia Chamorro y el enigma en piedra que pudo tocar y ver hace tantos años. Rememora así a María:

—Yo recuerdo la fuerza de la mirada de aquella mujer. A muchos les daba cierto miedo, pero a mí no. Era una mirada quebrada, atravesada, dura como la roca. Hablé mucho con ella..., siempre sentada en su sillón. Sin embargo, a mí, no sé por qué, me dio una extraña sensación de quietud, de calma, de paz...

Atento a nuestra conversación, Javier Manzano, periodista de la Cadena Ser y Localia TV, curtido en mil lides, mira fijamente la pantalla de plasma donde se refleja a un lado el rostro detenido en el tiempo de aquel guardia civil. En las manos lleva un fajo de periódicos como *El País* o *Diario Jaén* en los que se plasma a toda página las primeras informaciones sobre nuestra investigación.

—Me ha puesto los pelos de punta esta historia. ¿Cómo es posible que en treinta años nadie dé un veredicto?

Esto hay que contarlo, compañeros...

En carretera, 22.00 horas

Con ese objetivo siempre presente, informar e indagar en lo más profundo de este nuevo enigma, llegamos a un Bélmez que a estas horas parece solitario. Frío y ni un alma por las calles. En el bar, entre humo concentrado y el sonido lejano de la tele encendida allá en lo alto, algunos ancianos juegan a las cartas después de la jornada en el campo. Otros charlan junto a la barra y nos acercamos para escuchar. El tema es siempre el mismo: ¿Cómo no se habían dado cuenta antes del tema de la guerra civil? ¿Estarán vivos los que mataron a esa familia? ¿Y qué querrán esas caras?

Notamos que el eco de los programas de Canal Sur y de *Milenio3*, en las ondas a través de la fuerza de la Cadena Ser, han convertido el pueblo en un hervidero que no mengua. Al contrario, el paso de las semanas hace que las preguntas y acaloradas discusiones lo llenen todo.

—*¡Ya podrían desparecer las caras y que nos dejasen en paz!* —grita un viejo vecino del pueblo.

ANDALUCÍA

6 / EL PAÍS

Las caras de Bélmez resurg

El programa 'Millenium III', de la cadena SER, vincula las siluetas a una familia asesinada en la Guerra Civil

ASÍ SERÁ LA MÁQUINA DEL TIEMPO

MÁS ALLÁ

Nº 170 / 4 / 2003

OTROS EVANGELIOS El mensaje oculto de Jesús

ENTREVISTA A THIERRY MEYSSA 11-S: Nuevas mentiras al descubierto

INVESTIGACIÓ Abducciones: una explicación científica

CIVILIZACIONES DESAPARECIDAS ¿Quién construyó pirámides en Grecia?

ESOTERISMO Alquimistas modernos en España

CONSPIRACIONE La tele altera las ondas cerebrales

ANÁLISIS LAS CARAS YA TIENEN NOMBRE

Caras de Bélmez ¿Identificadas?

DIARIO JAÉN | Sábado, 1 de marzo de 2003 | Provincia | 17

Colaboración ▸ Un superviviente del asedio al Santuario relata sus vivencias

■ Una vidente contó en el programa Flash Back de Canal Sur cómo fue la muerte de los miembros de la familia Chamorro, a los que atribuye las famosas Caras de Bélmez. Asegura que murieron fusilados en el Santuario de la Virgen de la Cabeza. Un superviviente del asedio cuenta su versión y explica que lo dicho en el programa es "un atentado contra la memoria histórica".

Mi verdad de las Caras de Bélmez

Antonio García García

Los pasados días 7, 14 y 21 de febrero de este año, cuando veía el programa de televisión "Flashback: Regreso al Pasado", emitido por Canal Sur, quedé sorprendido por la libre versión que dieron sobre la muerte de la familia Chamorro en su investigación de las "Caras de Bélmez", con la intervención de una médium. Al respecto quiero aportar unos datos que considero importantes y contradictorios con los que se dijo en el mencionado programa. Mi nombre es Antonio García García, vivo en Linares y soy superviviente del asedio, que durante nueve meses y medio (del 17 de agosto de 1936 al 1 de mayo de 1937), sufrimos en el Santuario de la Virgen de la Cabeza en Andújar en el transcurso de nuestra Guerra Civil, tanto mi familia como otras muchas más, entre las que se hallaba la familia Chamorro, la protagonista de la historia de "Las Caras de Bélmez".

quisieron hacer creer a la opinión pública. Conociendo la desgraciada historia de la familia Chamorro, no puedo admitir que alguien invente una versión de los hechos totalmente falsa, contando además, con la colaboración de otras cinco personas que afirmaron también ser médiums.

Todas las escenas que interpretaron sobre la muerte de los siete miembros de la familia Chamorro fueron lo más patético, humillante y falso que yo, como superviviente y conocedor del caso, hubiera podido imaginar. Bajo la "influencia" de la hipnosis, se tiraron al suelo y, a las preguntas del hipnotizador, ellos respondían cosas incoherentes que no tenían sentido con lo realmente ocurrido. Repitieron de manera incesante las expresiones "queremos justicia" y "que todo el mundo sepa".

Pero la barbaridad más grande expresada por los "videntes" fue la de que la Virgen de la Cabeza es

Los medios de comunicación escritos —además de la radio y la televisión— se volcaron con los primeros hallazgos de esta investigación. El País, *después de años sin dedicar una página entera al misterio, titulaba «Las caras de Bélmez resurgen», haciéndose eco de las investigaciones de los autores. La polémica hizo que en periódicos regionales como* Diario Jaén, *antiguos supervivientes del asedio narrasen sus versiones o que revistas nacionales como* Más Allá *dedicasen toda su portada al primer adelanto de esta aventura.*

Justo detrás, el bueno de Sebastián Fuentes León, el albañil que practicó el «foso» en la casa número cinco, exclama:

—*¡Seguro que las ponen otra vez en la tele!*

Lo cierto es que llevan ya varias semanas haciéndolo. Algunos practicando el sencillo deporte de la mofa y la risa faltando a los escrúpulos básicos de cualquier informador que pretende ser objetivo. Nos llega el eco de que hay un profundo desagrado por el tratamiento televisivo de determinada productora, que se ha burlado incluso de los muertos de la familia Chamorro y de sus supuestos parecidos con la caras. Vergonzoso. Pero hay también, y lo remarcamos en honor a la verdad, no pocos vecinos que muestran su enfado por considerar que hay personas del entorno de la casa de las caras», y no precisamente María Gómez Cámara, que están intentando hacer negocio pidiendo sumas exorbitantes* a los medios audiovisuales que, tras la polvareda de esta nueva investigación, pretenden grabar el fenómeno.

Tensión asfixiante, tan densa que se corta a cuchillo y se respira en cada esquina. Huyendo de ella, con el informe impreso en papel fotográfico a color, recorremos la ruta conocida hasta la vivienda de Isabel Chamorro.

—*Tendrían que haberse informado* —nos suelta nada más llegar—, *¡es que no han investigado! ¡Qué sabrán ellos lo que le pasó a mi familia!*

Se refiere con dureza a algunas conclusiones sacadas de contexto que algún programa ha anunciado a bombo y platillo.

---

* A finales del año 2000 Iker Jiménez, gracias a una columna titulada «600.000 pelas», correspondiente a su vieja sección «Carretera y manta» del periódico *Enigmas Express*, se convertía en el primer periodista que se atrevía a denunciar públicamente este tipo de desorbitantes planteamientos económicos por parte de algunas personas relacionadas con la casa. Nunca nadie antes —a pesar de ser un tema intuido y conocido— había alzado la voz a este respecto. A pesar de haber demostrado durante años y públicamente los documentos que permiten saber definitivamente que el caso Bélmez no fue un fraude y cómo el Gobierno engañó a la opinión pública, Jiménez fue «crucificado» por numerosos «belmezólogos» y acusado de «atacar al gran misterio español» por numerosos investigadores. Esos mismos, e incluso ciertos políticos locales que se tiraban de los pelos con aquella dura columna, tenían que retractarse ahora, a mediados de 2003, al producirse la evidencia de este tipo de prácticas con productoras televisivas que llegaron al pueblo siguiendo el rastro de las nuevas noticias.

Guardamos silencio, sabedores de que para ella somos amigos por encima de periodistas. Se sienta y comienza a mirar lo que le hemos traído.

—*¡Madre mía...!*

La expresión se repite dos o tres veces, cada vez más bajo. La mano en la frente y luego las lágrimas. Ahí estaba lo que ella quería ver, un informe extenso donde quedaba a las claras la relación de «familiaridad» entre las caras y su familia muerta...

—*Este es mi padre...*

Isabel nos mira con los ojos llenos de recuerdos. Le damos el parte de defunción de su Miguel Chamorro, firmado por el propio Cortés un 4 de febrero de 1937 durante el asedio. Por vez primera lo ve y se lo acerca a los labios. Su llanto es puro contagio y en la estancia se concentran mil sentimientos. Suyos... y nuestros.

—Isabel —le decimos al unísono— tenga por seguro que esto ya es una cruzada para llegar a la verdad..., una obsesión que no nos deja ni dormir..., incluso nos hemos despertado, en Málaga y en Madrid, en nuestras casas, sobresaltados, con la imagen de Paquita, su hermana, en mitad de la oscuridad, acercándose..., como en un sueño que nos quisiera decir algo.

Isabel calla. Pone el dedo sobre la teleplastia conocida como el *El Hijo* que el informe compara con aquella niña. Lo deja allí clavado y mirándonos solo suelta un hilo de voz:

—*Mi hermana pequeña...*

Percibe sin lugar a dudas en nuestros rostros la emoción y, a la vez, el profundo respeto. Y eso la tranquiliza. Queremos saber la verdad, nada más, y ella nos ha ayudado desde el principio. Ahora es el momento de encontrarse con aquella evidencia dolorosa...

En un momento se acuerda de Amparo, la otra superviviente que murió hace un par de años. Otra hermana que se fue, casi con el habla perdida tras vivir todo aquello...

—*Ella quedó enferma de los nervios. Lo vio todo cuando se la iba lle-*

vando aquel hombre de uniforme. Lo revivía todo cada noche en pesadillas..., vio cómo murió nuestro padre y nuestras hermanas, y de cómo nos libramos nosotras dos de milagro. Recuerdo aquella cueva donde había que meterse a rastras. Como ya habían muerto mi padre y mis dos hermanas mayores, pues mi madre se quedó con las cinco menores. Y ya empezaron a caer las bombas hasta que una de ellas impactó sobre ella y tres hermanas. Las destrozó. Las deshizo...

El informe, implacable y con las anotaciones de profesionales como Salvador Ortega, nos muestra ahora a una de sus hermanas comparándolas con un rostro femenino de pelo largo a la que curiosamente los belmorenses bautizaron como *La Guapa*. La verdadera muchacha, la de carne y hueso, al parecer, era una belleza...

—*Cierto. Decían que era guapísima. Su novio, el guardia civil Francisco Ulises Gutiérrez, también murió allí. Fue el colmo de la desgracia. El capitán Cortés pidió voluntarios para ir a la zona nacional; para comunicar la situación en la que nos encontrábamos. Y fueron dos, uno de ellos este Gutiérrez. Se vistieron con un mono y salieron de noche. Por el día se escondían y dormían. Una mañana bien temprano fueron a beber agua a un pequeño riachuelo que hay por aquel lugar, y allí lo mataron a él. El compañero sí se pudo escapar y no sé qué habrá sido de él.*

Isabel continúa viendo una tras otra las comparativas de los análisis mientras va afirmando con la cabeza, impactada por lo que ve en cada una ellas. En su rostro casi podemos adivinar su pensamiento. Nos da la corazonada de que sabe el porqué de la aparición de su familia en la casa de María. Nos sonríe entre el dolor revivido, como si callase un gran secreto.

Después nos cuenta historias negras de un pasado que asoló a aquellos pueblos tras la contienda. Y la soledad profunda que sintió desde entonces. Y le prometemos que de todo esto jamás saldrá una palabra de nuestra boca.

Ya muy entrada la noche, a punto de poner rumbo con nuestros papeles en dirección a la casa del misterio, Isabel, con el cuadro de mártires a su espalda, observa por última vez las comparativas de su padre, Miguel, y su hermana Paquita. Y tomando aire y sin mirarnos, dice algo claro y fuerte. Algo que no podremos olvidar. Una sentencia que nos demuestra que habíamos tomado el camino correcto. Unas palabras que nos hielan el alma:

—*¡Son ellos!*

CAPÍTULO 14

Los silencios de María

—Yo todos los días enciendo una vela. Por si las caras las necesitan..., por si son espíritus de otra época.

[MARÍA GÓMEZ CÁMARA]

EN LA PUERTA del número cinco, entreabierta, nos detenemos un momento. Horas antes hemos mantenido una larga conversación con Ana Castillo, la iniciadora de esta aventura llena de carambolas, sobresaltos y kilómetros. Retumban en la memoria sus palabras al describirnos las sensaciones que tuvo antes de la hipnosis, justo bajo este mismo umbral:

—*Cuando iba de camino hacia Bélmez empecé a sentirme mal. Me empezaron a sudar las manos, las tenía muy frías, los pies también, y empecé a ponerme muy nerviosa y a tener miedo. Fue algo muy extraño. Tuve un presentimiento de intranquilidad, como si me fuera a pasar algo. Cuando entré en la casa fue la mirada y el rostro de María lo que me impresionó..., ¡más que las caras!*

En ella veía tristeza, tragedia en sus ojos. No puedo explicarlo racionalmente..., pero eso fue lo que sentí.

María Gómez Cámara parece el epicentro del misterio. Considerada propietaria de rasgos esquizoides para unos, y dotada de fuerzas sobrenaturales para otros, nunca ha dejado a nadie indiferente. Todos intuyen en ella años de silencio y de secretos bien guardados. Un silencio que ahora queremos romper con la «dinamita» de los informes gráficos.

Algunos investigadores que se ganaron su confianza durante años, como el padre jesuita José María Pilón, cuyo equipo tomó las primeras muestras del cemento para el análisis del CSIC, se han aventurado incluso a insinuar en ella fenómenos paranormales desde la niñez; así de contundente nos lo expresó a través de los micrófonos de *Milenio3*:

—Es una mujer muy especial; con una gran fuerza concentrada en esos ojos un tanto obsesivos, dotada de una psicorragia o energía paranormal incontrolada, realmente asombrosa. Recuerdo que hicimos un sondeo entre mujeres de su edad y todas ellas recordaban, con temor todavía vivo, cómo el maestro las castigaba a veces poniéndolas junto a María. La cuestión es que ninguna quería estar con ella, ya que al parecer se escuchaban extrañas voces y acontecían diversos fenómenos inexplicables a su vera...

Nos metemos dentro, como si diésemos el salto a otro mundo donde lo absurdo cobra vida. El cinco enmarcado en azul queda sobre nuestras cabezas y observamos algunas de las viejas caras ya desfiguradas. Están como muriéndose, con sus muecas cada vez más borrosas. Nos es materialmente imposible escrutarlas ya sin hacer el paralelismo mental con los desgraciados personajes de carne y hueso de la familia Chamorro. Esos que han protagonizado nuestros pensamientos y actos durante casi tres meses...

—María, hemos venido a hablar con usted.

—*¿A hablar o a entrevistarme otra vez?* —nos corta con voz seca—. *Sé que me habéis sacado en la tele y en la radio...*

Casi entre sombras, emerge la figura siempre pegada al viejo sofá. Las faldillas de la mesa sobre las piernas y esa mirada que penetra y lee en tu interior...

—Venimos a charlar con usted, y a enseñarle una cosa que le va a sorprender...

—Bueno, me imagino lo que es. Cerrad la puerta y sentaros antes de que venga alguien —nos dice curvando su seriedad en tímida sonrisa.

Antes de sentarnos en el tresillo echamos una rápida ojeada: *La Pava, El Pelao, El Cráneo...*, siguen ahí. Mirándonos.

—¿María, alguna nueva cara? —le espetamos al tomar asiento en el mismo lugar donde Ana Castillo «revivió» la tragedia relacionada con esa casa.

—Eso dicen, pero yo no he visto ninguna. Salen, desaparecen, vuelven a salir, yo qué sé..., ya son tantas...

Nos quedamos en silencio por unos instantes, recordando cómo la Agencia Efe y Europa Press se habían hecho eco esos días de una misteriosa noticia, bajo el sorprendente titular «Nuevas caras en Bélmez», sin aportar ninguna información y refiriéndose a un congreso patrocinado por la alcaldía.

Pero apenas nada ha cambiado; el inventario es el mismo de siempre: un centro de mesa con una plantita artificial, un reloj, unas medicinas, y unas postales de santos. Eso es todo lo que hay en su mesa camilla. Por lo demás, dos bombillas huérfanas de cualquier adorno cuelgan del techo para alumbrar la estancia. Igual que hace treinta años.

Las luces y sombras le dan un aspecto aún más siniestro a *La Pava*. De su boca surge ese vómito de muerte, entre dientes que durante muchos años nunca estuvieron ahí. Lleva tres décadas tras un cristal, empotrada en la pared. ¿Cómo son posibles tantos cambios?

María, la dueña de la casa de las caras, con ocho años. Según el padre Jose María Pilón, desde esa época se manifestaban fenómenos paranormales a su alrededor.

En el fogón, sobre la lechada de cemento de distinta tonalidad empleada para tapar «la fosa de los decapitados» practicada en 1972, afloran los rostros de *El Padre y el Hijo*. Finísimos, dignos de un expresionismo muy avanzado y nada pueril. Nosotros ya no podemos verlos como antes.

El nombre de Paquita estará por siempre unido a estas caras...

Días de miedo

—Cuéntenos otra vez como empezó todo...

—*Aquel día* —nos dice mirando fijamente a la grabadora— *estaba aquí guisando unos pimientos. Entonces se guisaba con leña en la chimenea.., .bueno, lo que pasó es que al tiempo de mover la comida miré al suelo y vi aquella cara. Pero esa que está puesta en la pared no..., otra que hubo antes.*

—Esa dicen que era muy parecida, más grande, casi como un calco..., pero la picaron...

—*Sí, aquella la destrozamos porque creímos que eran manchas de la cocina. Después, a la semana creo recordar, apareció otra vez esa que está tras el cristal...*

Se queda mirando en silencio al rostro esférico que tanto miedo le dio en un principio, en un tiempo en el que nosotros ni siquiera habíamos nacido. Parece que ambas se cuentan cosas que nadie más puede escuchar...

—¿Y cuál fue su reacción?

—*Pues salí alertada y con mucho miedo a la calle. Salí gritando que en mi cocina había salido una cara..., pasé miedo de verdad.*

—Fue su hijastro quien quitó esa cara a golpe de pico, ¿verdad?

—*Sí, él fue. Creímos que eran manchas de la cocina, gotas de aceite quemadas. Luego es que la gente pensó que era una broma de alguien..., yo qué sé. Él se enfadó bastante. Después se arrancó, se picó y se destruyó, y más tarde se enlució nuevamente el suelo. Unos días después salió la cara que está ahí hoy. A mí me invadió el miedo, porque es que esa cara estaba en el suelo y de todas las posiciones que te pusieras te miraba. Te seguía..., parecía que estaba viva.*

—¿Le parecía que era de alguien esa cara?

—*No lo sé. Muchas personas del pueblo dijeron que podía ser la cara del Señor de la Vida, patrono del pueblo. Sin embargo, otros decían que no, que aquel rostro podía pertenecer a cualquiera...*

—¿Cuánta gente ha pasado por aquí, María?

—*Miles de personas..., aquí han venido de todo el mundo. Españoles y extranjeros. Aquí han venido a mi casa de todas las razas que hay en el mundo. ¡Han venido hasta científicos japoneses y moros!*

—¿Y cuál fue la reacción de su familia ante este extraño fenómeno?

—*Y cuál va a ser..., decían que era una cosa rara. Y la verdad es que no creímos nunca que esto iba a pasar aquí, en nuestra familia ni en esta casa. No sabe nadie el miedo que pasamos al principio.*

—Séanos sincera, ¿la gente del pueblo pensaron que ustedes estaban haciendo fraude? ¿Que ustedes pintaban las caras?

—*Aquí en el pueblo, no* —dice convencida negando varias veces con la cabeza—, *porque nos conocen y saben cómo somos. Nadie de Bélmez se creyó que esto era pintado. Nadie. Pero la gente de fuera decían que si esto era un fraude..., que eran pinturas, que si esto, que si lo otro. Aquí se ha dicho de todo.*

—Entonces fue cuando llegaron las primeras autoridades...

—*Aquí ha estado hasta la Policía Científica investigando, y estuvo la Brigadilla Criminal de Madrid, que envió Franco, por si las caras eran pintadas, porque nos iban a meter en la cárcel. Y yo, desde luego, no tuve molestia ninguna. Eso que quede claro. Las molestias que he tenido fue que vino mucha gente y ya nos tenían aburridos..., porque ya no nos dejaban ni comer. Por lo demás, con nosotros directamente no se metió ni el Gobierno, ni la Guardia Civil, ni la Policía, ni nadie. Lo único que me ha molestado es gente que ha venido aquí.*

—Por orden del gobernador civil de Jaén, José Ruiz de Gordoa, vino el parapsicólogo Germán de Argumosa. ¿Se acuerda usted de Germán?

—*Claro... ¡cómo no me voy a acordar! Y también de su amigo, el alemán Hans Bender. Recuerdo que llegaron diciéndome que eran científicos. Pusieron muchos aparatos, de todos los tipos. Llenaron mi casa de aparatos de esos* —se lleva las manos a la cabeza— *para hacer psicofonías de esas, con las voces raras que me ponían los pelos de punta. Vamos, unas cosas muy raras que no eran de este mundo. Y me iban contando todas las cosas que hacían...*

—En su casa no solo aparecían las caras, sino que también se escuchaban y se grababan voces...

—Sí, así es. Yo varias veces las sentí, pero me marchaba a dormir y los dejaba allí de madrugada trabajando. Porque después me quedaba sola y me entraba el miedo...

—¿Recuerda alguna de esas voces?

—*Sí. Se escuchaba a una niña que lloraba que decía: «Sácame de aquí, yo no quiero estar aquí». Otra decía: «Pobre Quico, pobre Quico». La voces decían palabras sueltas..., no se trataba de conversaciones. Otra decía: «¡Borracho! ¡Borracho! »*

Yo desde entonces no volví a sentirlas más, aunque han pasado muchos investigadores a grabar psicofonías. A mí me daban terror esas voces..., eso era algo raro y que encima salía en mi casa. ¡En mi casa!

—Luego le entraría la inquietud al estar sola aquí...

—*Claro, cuando yo estaba aquí me entraba el miedo pensando lo que podía haber pasado aquí y lo que podía haber allí abajo...*

—Es aquí justo donde se hizo el gran agujero —le preguntamos, señalando justo frente al fogón.

—*Tenía dos ochenta de hondo. Y salieron huesos. Los huesos eran del siglo doce..., o eso dijo la Policía. Y me dijeron que esto seguramente fue un cementerio en aquella época. En los huesos que aparecieron no salió ningún cráneo. Solo huesos de otras partes del cuerpo. Y yo no sé porqué.*

—¿El Gobierno y la Iglesia intentaron acabar con esto?

—*Sí. Así fue. Que no querían que esto saliera a flote. No querían que se dijese que esto era verdad.*

—¿Qué recuerdos guarda del alcalde Rodríguez Rivas? ¿A el lo amenazaron?

—*El alcalde era una gran persona. Recuerdo que le llamaron desde Madrid, y se lo llevaron para allá. Desde el Gobierno se le amenazó al*

Un reencuentro: María Gómez Cámara ve las fotografías de su familia difunta en el informe preparado con técnicas de la Policía Científica: «No puede ser, no puede ser...», repitió varias veces. Luego, las lágrimas afloraron en su rostro.

buen hombre. Le dijeron en Madrid que como no quitase lo de las caras, que como no le echara tierra al asunto y lo olvidara, lo metían en la cárcel. Y él dijo que qué iba a hacer él, que aquello salía allí y que era verdad. Que se le echaba cemento encima a las caras y volvían a salir sobre ese cemento nuevo. ¿Qué hago yo?, decía Rivas.

—María, por aquí han pasado miles de personas, cientos de periodistas y televisiones que han querido ver, filmar y fotografiar las caras. ¿Usted o su familia han hecho negocio con lo que aquí ha ocurrido y ocurre?

—*No. La casa estaba vieja cuando salieron las caras, y vieja está hoy. Si esto lo coge un tío «espabilao» hoy tiene millones. Y yo solo tengo lo que quieren dejarme. Unos me dejan un euro, otros me dejan cincuenta céntimos y otros no me dejan nada. Yo no le pido a nadie nada.*

Espíritus de otra época

—Después de tantos años conviviendo con las caras, imagino que les preguntará cosas.

—*¿Que hablo yo con ellas?...* —se queda pensativa durante casi medio minuto. Mira todo el suelo del salón desde su posición. Va deteniendo sus ojos en las pocas que aún sobreviven y se lanza en la respuesta—. *Pues sí. Les pregunto a qué han venido, qué es lo que quieren, que si quieren ayuda, que a ver si yo puedo ayudarles por algo..., que me lo digan, que si son almas, pues si necesitan misa, luces o lo que sea...*

—¿Usted cree que pueden ser almas en pena de personas que sufrieron?

—*Yo continuamente tengo una vela ahí encendida, en la otra cocina. Y la tengo ahí para que la gente no lo vea. Para que la gente no diga que María le pone velas a las caras. Yo todos los días enciendo una vela. Todos. Cuando se termina una enciendo otra. Por si las caras las necesitan..., por si son espíritus de otra época.*

—Y cuando usted les habla, les pregunta, ¿ellas responden?

—*No. Ni las ensueño siquiera.*

—Solo silencio, ¿no María?

—*Solo silencio.*

—¿Quiénes pueden ser estas caras? ¿Alguien tendría motivo para aparecerse y atormentarle aquí, en su casa?

—*Y yo qué sé... Eso no lo sabe nadie. Lo voy a saber yo que soy medio analfabeta... ¡Si no lo sabe ni quién lo está estudiando e investigando!*

—¿Y cree que desaparecerán algún día de ahí?

—*Dicen que el día que yo me muera se van las caras. Una vez que yo cierre los ojos yo que sé lo que pasará. El día que yo me muera y me vaya de aquí no sé si seguirán las dichosas caras ahí... A lo mejor se vienen conmigo, o se quedan aquí. Eso solo lo sabe Dios.*

Ahora nadie dice nada durante un tiempo que se extiende. Que parece eterno. Fuera nos llega el grito lejano de un niño que llama a otro en la calle.

—*El alemán Hans Bender* —arranca de nuevo María como su hubiese estando pescando algunos recuerdos casi olvidados— *decía muy serio que cuando yo me muera las caras desaparecerán. Mi marido se fue al otro mundo sin saber lo que eran. A mí me va a pasar lo mismo..., seguro.*

—¿Le hacen compañía las caras María, le gusta que estén ahí?

—*Claro. Es que ya estoy acostumbrada a su presencia. Ya son mas de treinta años los que llevo conviviendo con ellas. Yo me he hecho a las caras como ellas a mí..., si se me fueran las caras lo pasaría hasta mal y todo...*

—María, ¿cómo era usted de joven?

—*¿Yo?* —la vemos sonreír francamente por vez primera— *¿cuándo aparecieron?*

—No, antes, mucho antes de las caras..., de eso nunca ha hablado.

—Pero, ¡qué me voy a yo a acordar!... Soy ya muy mayor.

—¿Qué es lo primero que le viene a la mente? Haga el esfuerzo de recordar...

—Solo sé que no he visto nunca el tren, nunca he visto la mar, jamás he salido del pueblo. Es más, ahora que me acuerdo, nunca he bailado, nunca he ido a ningún baile..., no sé lo que es bailar. Siempre he sido una chica muy seria..., y muy triste.

—Después de treinta años quedan ya muy pocas caras. ¿A qué será debido?

—Se habrán cansado de salir. O es que a lo mejor ya no quedan más por salir. Es posible que las caras no tengan ya nada que decir.

—Igual es que ya lo han dicho todo y no las hemos entendido.

A esta pregunta María no responde y vuelve a quedarse absorta en la deforme efigie empotrada en la hornacina.

—Hay rumores de que en su habitación, arriba, hay también caras...

—No. A los pies de Dios que allí arriba no hay caras. Yo no sé quien ha podido decir eso, porque arriba no sube nadie. Ni ha habido ni hay. Las caras están aquí abajo...

—María, hay mucha gente que nos pregunta, por toda España, cómo es posible que usted viva sola aquí..

—De día estoy sola. Pero de noche viene un hijo mío a dormir. Y no me siento sola, porque tengo las caras y ellas me dan compañía.

—Cuentan, y no sabemos si es verdad o leyenda, que cuando usted se ausentó unos días para ir al hospital las caras empezaron a irse, a borrarse.

—Así fue. Me ingresaron porque me operaron de la vesícula. Estuve unos quince días. Y efectivamente, cuando volví las caras habían perdido fuerza. Algunas, incluso, desparecieron.

La familia muerta

—¿Que significa para usted el santuario de la Virgen de la Cabeza?

—*Allí murió mi familia.*

¿Y usted cree que estas caras pertenecen a su familia?

—*Yo no creo que la cara esa* —señala de nuevo a *La Pava— sea mi cuñado..., y las de abajo mis sobrinas. No puedo creerlo. Cuando salió la primera vez la cara era larga, larga... Cuando la arrancaron y la pusieron allí salió redonda. ¿Es la misma cara? Que no, eso no me cabe. Y que el Señor me perdone si le ofendo.*

—¿Tiene alguna foto de esa familia?

—*No, yo no tengo ninguna. La única la tiene mi sobrina Isabel...*

—¿Y se acuerda usted mucho de esa familia?

—*Pues claro. Todos los días. Les rezo todos los días.*

—¿Y sueña con ellos?

—*Soñar no sueño yo. Bueno..., nunca me acuerdo de los sueños. Soñaré como todo el mundo, pero nunca me acuerdo de lo que he soñado.*

Ponemos sobre la mesa el informe con las anotaciones y trabajos paralelos de especialistas en arte y destacados miembros del área de la investigación policial.

María lo mira con una mezcla de perplejidad y asombro.

—*¿Esto qué es?* —pregunta la anciana.

—Mírelo usted misma...

Las páginas las pasa delicadamente con las manos. Observa cada cara, cada comparativa. Cada nueva hipótesis. De repente sus ojos se enrojecen y comienza a llorar.

Nunca, a pesar de las muchas visitas desde 1994, la habíamos visto así. En aquellos papeles hay algo que la ha removido por dentro. Que la ha hecho temblar.

—Cálmese María. Oiga, ¿por qué salen los rostros de su familia aquí?

—*No lo sé...* —se seca las lágrimas con la manga de la chaqueta de lana negra—, *francamente no lo sé.*

La situación, sinceramente, es tensa y difícil. Pero nuestro deber es ahondar lo mas posible. Buscar la verdad de una historia que, presentimos, está acorazada por mil y un secretos de aquella época negra. Silencios y rencores perpetrados durante mucho tiempo. Ahora, gracias a mil carambolas, a la avispada acción de Brú y a una frenética investigación en la historia complementada con la labor encomiable a nivel informático capitaneada por José Manuel García Bautista, podemos dar un vuelco a esta historia.

Por eso volvemos a la carga.

—¿Qué relación tenía usted con la familia Chamorro? ¿Y con las hermanas Isabel y Amparo?

—*Pues son mis sobrinas, aunque una de ellas –Amparo- ya murió. Tenía muy buena relación, me llevaba... y me llevo muy bien con ellas.*

—¿Pero por qué no han salido esos rostros en la casa de Isabel María Chamorro y sí en la suya?

—*Os digo la única verdad..., no lo sé. ¿Que cómo no han salido en otra casa? Eso no lo sabe nadie..., ¡nadie!*

—Quizá quieran decir algo. Que usted recuerde algo. Tenemos que preguntárselo, entiéndalo: ¿Usted está tranquila por dentro?

El rictus se vuelve algo seco, quebrado, rememorando todos los matices de ese gesto que tanto a impactado a quienes desde 1971 se han acercado a esta pequeña casa-

—¿Está tranquila, María? —le repetimos—, ¿tiene algún remordimiento con aquella gente...?

—*¿Y por qué no he de estarlo? Claro que estoy tranquila. No tengo ningún tipo de remordimiento de conciencia de que haya actuado mal con nadie, ni con la familia ni ajenos. ¿Acaso venís a confesarme?*

Esta pregunta provoca una sonrisa en los tres que sirve espontáneamente para calmar el ambiente.

—Mire, solo podemos decirle que el informe no engaña; esa es su familia —le decimos, intentando forzar la situación para que ella declare ciertas cosas que conocemos pero no podemos divulgar por nuestro compromiso con el *off the record* prometido a ciertas personas.

María calla. No dice nada. Va reconociendo con nostalgia y tristeza cada uno de los rostros de su familia que aparecen en el análisis informático. Los señala con el dedo. Luego repite sus nombres varias veces. Consternada, niega constantemente con la cabeza en silencio.

—No puede ser. Ellos no pueden ser...

Nuevas lágrimas se escapan de sus cansados ojos. Está emocionada y conmocionada. Y nos da la sincera impresión de que la mirada de María encierra justo en este momento la respuesta definitiva de la razón por la que aparecen aquí esas personas muertas en el santuario Virgen de la Cabeza de Andújar.

—María, ¿qué está pasando? Ahora puede contar la verdad. La que alguien ya sabe.

—Tengo el alma rota con este asunto. Que no me creo eso. Que esas caras no son mi familia. ¡No puede ser! Es como si mi cara la ponen comparándola con otra. Con esto de los ordenadores igual todo es posible...

—No nos malinterprete. Pero cuando regresaron Amparo e Isabel Chamorro de aquel lugar tras el asedio, ¿dónde se quedaron? ¿fueron acogidas aquí?

—Bueno..., sí. Se quedaron en mi casa. Con mis padres. Hasta que ya se acabó la guerra y ya le dieron a ellas «la paga» y se independizaron. Os puedo asegurar que nosotros nos portamos muy bien con ellas. Las pobres... ¡con la desgracia que tenían!

Sabemos muy bien por qué hacemos esta pregunta. Y no esperamos otra respuesta. Ahora somos nosotros los que guardamos silencio.

Al salir de nuevo a la noche, envueltos de niebla y frío, giramos sobre nuestros talones como si fuésemos autómatas.

A través del ventanuco de la casa número cinco se ve la figura sentada de la histórica anciana de ochenta y cuatro años mirando las caras fijamente.

Lo hace con más angustia que nunca.

Nota final

¿PUEDE PERVIVIR EL ALMA de los muertos y manifestarse en esta realidad? ¿Hay un mensaje terrible que esas caras quieren revelar a la dueña de la casa? ¿Un aviso, una clave o señal que implica a algo o alguien del lugar? ¿ Acaso una venganza que busca culpables desde el otro lado?

¿Existen remordimientos, injusticias, abandonos o promesas incumplidas que los rostros de Bélmez quieren recordar?

No hemos logrado despejar las dudas a pesar de que en estos meses apretados de emociones y sobresaltos, de dejarnos llevar en volandas por la casualidad y los acontecimientos, la informática ha ido revelando detalles sorprendentes, los análisis artísticos se han afinado e, incluso, la técnica de la hipnosis regresiva ha sido aceptada como prueba en un juicio.

En suma, los elementos multidisciplinares con los que hemos trabajado a toda máquina y gracias a la ayuda de un gran equipo de colaboradores, han llegado hasta donde han podido; rozando, acariciando quizá el secreto.

Es por eso que, guiados por la brújula inexacta de las corazonadas, hemos regresado varias veces al cementerio de las tumbas sin nombre, como si un poderoso imán o canto de sirena nos atrajese. Como si intuyésemos que en los sentimientos más profundos y no en la técnica se encontrase la última verdad de todo esto.

Y en el silencio de la noche de Sierra Morena, a veces durante mucho tiempo, nos hemos quedado frente a las lápidas blanquecinas, creyendo, esperando, imaginando que alguien nos susurraba la respuesta.

Quizá la voz de una niña.

Bibliografía

ALONSO, Aurelio: *Historia de la Santísima Virgen de la Cabeza,* Edición del autor, 1940.

BENAVENTE Y BARREDA, Mario: *Los de Allá, cuentos de fantasmas y aparecidos,* Jabalcuz, 2002.

CONTRERAS, María del Pilar: *Romance descriptivo de la romería anual al Santuario de la Virgen de la Cabeza,* Antonio Marzo, 1909.

En Homenaje a los héroes del Santuario de la Cabeza, Dirección General de la Guardia Civil, 1965.

ESLAVA GALÁN, Juan: *Leyendas de los castillos de Jaén,* Ediciones Osuna, 1998.

FE Y JIMÉNEZ, Lucía: *Nuestra Señora de la Cabeza de Sierra Morena en 1900,* Andújar, 2001.

FERNÁNDEZ, Lorenzo: *Bélmez, historia de una conjura,* América Ibérica, 1999.

FRÍAS MARÍN, Rafael: *La cofradía y el Santuario de Nuestra Señora de la Cabeza en el siglo XVI,* Asociación Altozano, 1997.

GÓMEZ, Enrique: *La Virgen de la Cabeza, leyenda, historia y actualidad,* Jabalcuz, 2002.

HERNÁNDEZ, Miguel: *Poesía y prosa de guerra y otros textos olvidados,* Peralta Ediciones, Editorial Ayuso (Libros Hiperión), Madrid, 1977.

Héroes y mártires en los pueblos de Andulucía durante la Guerra Civil, Casals, 1944.

HIDALGO HERRERA, J. Gregorio: *Cuentos y leyendas de Sierra Mágina,* El Olivo, 2002.

Inauguración del Monumento a los héroes del Santuario de la Cabeza, Revista de la Guardia Civil, número extraordinario, noviembre 1965.

Informe sobre identidades de los supervivientes del asedio al Santuario de la Virgen de la Cabeza, Ediciones Huérfanos de la Guardia Civil, 1964.

JALÓN GARCÍA, José Luis: *El Santuario de Santa María de la Cabeza,* Publicaciones Españolas, 1953.

JÁUREGUI, QUEVEDO: *¡Sangre en los riscos!,* Diario Palentino, 1940.

JIMÉNEZ ELIZARI, Iker: *Enigmas sin resolver* I, Edaf, 1999.

JIMÉNEZ ELIZARI, lker: *Enigmas sin resolver II,* Edaf, 2000.

JORDÁN PEÑA, José Luis: *Las Casas Encantadas,* Noguer 1981.

La epopeya de la Guardia Civil en el Santuario de la virgen de la Cabeza (18-VIII-1936/1-V-1937) en su XXV aniversario, Gráficas Huérfanos de la Guardia Civil, 1962.

La gesta del Santuario, Dirección de la Guardia Civil, 1964.

La Guerra Civil en Andalucía Oriental, Ideal, Granada, 1997

LLEDÓS, Emilio: *Cortés, héroe y mártir del Santuario de la Virgen de la Cabeza,* Gráficas Ibarra, 1951.

LÓPEZ PRIETO, Germán:*Los héroes de Santa María de la Cabeza,* Martosa 1941.

MARÍN MUÑOZ, Antonio: *La Guerra Civil en Lopera y Porcuna (1936-39),* edición del autor, 2001.

MARTÍN SERRANO, Manuel: *Sociología del Milagro,* Seix Barral, 1972.

MARTÍNEZ ROMERO, José: *Las caras de Bélmez,* Martínez Roca, 1978.

MUNUERA FABRA, Sergio: *Leyendas de Andalucía,* M.E. Editores, 1995.

NUNES, Leopoldo: *La Guerra en España (Dos meses de reportaje en Extremadura y Andalucía),* Prieto, 1939.

PRIETO, L.: *Anecdotario del asedio al Santuario de la Cabeza,* 1943.

PRIETO HERNÁNDEZ, Luis: *Círculo de fuego,* Estades, 1957.

RAÉZ ORTEGA, Cristóbal: *Cuentos y Leyendas de Úbeda,* Signatura Ediciones, 1998.

REPARAZ Y TRESGALLO DE SOUSA: *Desde el Cuartel General de la Miaja al Santuario de la Virgen de la Cabeza,* Valladolid, 1937.

RODRÍGUEZ DE CUETO, José: *Epopeya del Santuario de la Cabeza,* Editorial Española, 1939.

RODRÍGUEZ DE CUETO, José: *Los héroes del Santuario de Santa María de la Cabeza,* Rayfe, 1938.

SÁNCHEZ TOSTADO, Luis Miguel: *Los maquis en Sierra Mágina,* edición del autor, 1997.

URRUTIA ECHÁNIZ, Julio: *El Cerro de los Héroes,* Sevilla, 1965.